Love Is Not All

Elizabeth Barrett Browning et al.

지은이
엘리자베스 배럿 브라우닝 Elizabeth Barrett Browning, 1806~1861

엘리자베스 배럿 브라우닝은 영국 북부 더럼에서 태어나 예닐곱 살 때부터 시를 썼다. 그녀의 대표작 『포르투갈인의 소네트』(1850)는 여섯 살 연하의 시인 로버트 브라우닝의 열렬한 구애에 대한 더 열렬한 답변으로, 사랑의 시작에서 완성에 이르기까지 사랑하고 사랑받는 여인의 심경 변화 과정을 여성 고유의 섬세하고 절절한 필치로 그려낸 낭만적 사랑의 정수로 통한다.

엮고 옮긴이
김천봉 金天峯, Kim Chun-bong

1969년에 완도에서 태어나 항일의 섬 소안도에서 초·중·고를 졸업하고, 숭실대 영문과에서 학사와 석사, 고려대 대학원에서 박사학위를 받았다. 숭실대와 고려대에서 영시를 가르쳤으며, 19~20세기의 주요 영미 시인들의 시를 우리말로 번역하여 소개하고 있다. 『윌리엄 블레이크, 마음을 말하면 세상이 나에게 온다』, 『에밀리 디킨슨-나는 무명인! 당신은 누구세요?』, 『사라 티즈데일-사랑 노래, 불꽃과 그림자』, 『에이미 로웰-이 터질듯한 아름다움』, 『W. B. 예이츠-술은 입으로 들어오고 사랑은 눈으로 들어온다』, 『월트 휘트먼의 노래』와 『D. H. 로렌스-생기의 잔물결』을 냈다.

소명출판영미시인선 08
16명의 영미 여성 시인선
사랑이 전부는 아니에요
   초판발행 2025년 7월 20일

     지은이 엘리자베스 배럿 브라우닝 외
엮고 옮긴이 김천봉

      펴낸이 박성모
      펴낸곳 소명출판
    출판등록 제1998-000017호
         주소 서울시 서초구 사임당로14길 15 서광빌딩 2층
        전화 02-585-7840
        팩스 02-585-7848
      이메일 somyungbooks@daum.net
   홈페이지 www.somyong.co.kr

        ISBN 979-11-5905-991-9 03840
        정가 18,000원

ⓒ 소명출판, 2025

잘못된 책은 구입처에서 바꾸어드립니다.
이 책은 저작권법의 보호를 받는 저작물이므로 무단전재와 복제를 금하며,
이 책의 전부 또는 일부를 이용하려면 반드시 사전에 소명출판의 동의를 받아야 합니다.

소명출판영미시인선 08

16명의 영미 여성 시인선

사랑이 전부는 아니에요
Love Is Not All

엘리자베스 배릿 브라우닝 외 지음

김천봉 엮고 옮김

차례

제인 오스틴(1775~1817) 011

연민에 부치는 노래 013
침대에 드러누웠더니 015
한 어린 친구에 대한 즐거운 찬가 017
머리가 아파요 019
이 작은 가방 021
그들이 온대요 022
행복한 노동자 024
친애하는 프랭크, 기쁘기를 바래요 025
오! 베스트 씨 참 나빠요 028
윈체스터 경마가 031

엘리자베스 배릿 브라우닝(1806~1861) 033

남자의 자격 035
숙녀의 좋아요 038
당신이 꼭 나를 사랑해야겠거든 040
다시 말해주세요 041
나의 편지들! 043
당신을 생각하면! 044
처음으로 그이가 입 맞추었을 때는 045
얼마나 당신을 사랑하느냐고요? 046
『오로라 리』에서 047
한 나라에 대한 저주 050

057 샬럿 브론테(1816~1855)

- 059 삶
- 061 열정
- 065 기쁨
- 068 후회
- 070 앤 브론테의 죽음에 부쳐
- 072 이별
- 074 북부에 대해 들려줄게요!
- 075 저녁의 위안
- 077 편지
- 082 겨울 창고

087 에밀리 브론테(1818~1848)

- 089 기억
- 091 상상력에게
- 094 희망
- 096 밤바람
- 099 별
- 102 과거, 현재, 미래
- 103 연인이 기타에게
- 105 자, 같이 걸어요
- 107 죄수: 단편
- 113 제 영혼은 겁쟁이가 아닙니다

115 앤 브론테(1820~1849)

- 117 바람 부는 날 어느 숲에서 지은 시
- 118 오, 그들이 희망을 앗아갔어요
- 119 사로잡힌 비둘기

애원 121
정자 122
블루벨 124
은거 127
밤 128
추억 129
꿈 131
위안 133

조지 엘리엇(1819~1880) 135

즐거운 결말이 왔다 가네요, 임이여 137
어느 런던 응접실에서 139
지나간 하루를 헤아려보다가 141
세상은 위대하죠 142
두 연인 144
내 금-갈색 곱슬머리 사이에 147
장미 148
달콤한 봄날 149
파란 날개 151
삶을 가치 있게 만들려면 152

크리스티나 로제티(1830~1894) 153

이브의 딸 155
에코 156
첫날 158
생일 159
한 화가의 스튜디오에서 160
나 죽거든, 임이여 161
사과 수확 162

164 겨울: 나의 비밀
166 왕의 공주
177 희망의 인내

179 에밀리 디킨슨(1830~1886)

181 달은 바다와 멀리 떨어져 있지만
182 편지
184 가을에 당신이 오신다면
186 성공
187 나는 가능성 속에서 산다
188 수수한 삶
189 눈
191 나는 화산을 보지 못했다
193 한 줄기 빛살이 비스듬히
195 나는 천국에 갔다

197 루이자 메이 올컷(1832~1888)

199 금빛 그림자들이 더 밝게 빛나고
201 비누 거품 내며 부르는 노래
203 장미 가족-노래 1
206 장미 가족-노래 2
207 작은 잿빛 곱슬머리
210 나의 왕국
212 요정의 노래
214 나는 작은 새예요
215 우리의 행복한 집에서
217 자장가

엘라 휠러 윌콕스(1850~1919) 219

운명의 바람 221
당신을 사랑해요 222
피곤하네요 224
당신은 어느 쪽인가요? 226
후회 228
사랑이 찾아왔어요 229
삶의 상처 231
최후까지 233
늙어가네요 236
우리의 축복들 238

해리엇 먼로(1860~1936) 241

기차에서 243
블루 리지 246
만남 247
황혼 무렵에 249
물까마귀 251
정원 252
루벤스 253
태초에 254
멜로디 256
배의 난간에서 257

에이미 로웰(1874~1925) 259

4월 261
부재 262
빨간 슬리퍼 263

265 밤과 잠
267 오리엔테이션
269 파란 스카프
271 폭격
276 무늬
283 꽃잎
285 현대적 주제에 관한 스물네 편의 하이쿠

295 루시 모드 몽고메리(1874~1942)

297 자, 잠시 쉬어요
299 황혼
300 행복을 찾는 사람
302 옛집의 노래
304 추억의 사진들
306 사랑의 기도
307 어느 겨울 새벽
308 인내력이 강한 쪽은 ─ 남자일까 여자일까요?
310 매기를 추모하며
312 공상

315 사라 티즈데일(1884~1933)

317 교환
319 흠
320 어느 겨울밤
321 봄밤
323 여름밤, 강변
325 키스
326 새로운 사랑과 옛사랑
328 비행

보석 329
정원에서 331

캐서린 맨스필드(1888~1923) 333

나비의 웃음소리 335
만남 336
어느 꼬마 소년의 꿈 338
들국화 차 340
고독 342
깨어나는 강물 343
만 345
나무 의족의 남자 346
시골 여자들 347
오팔 꿈 동굴 349

에드나 세인트 빈센트 밀레이(1892~1950) 351

어떤 입술에 내 입술이 키스했는지 353
사랑이 전부는 아니에요 354
시간이 위안을 주지는 않아요 355
봄 356
나를 동정하지 마세요 358
아주 오래된 몸짓 359
삶의 재 361
주막 362
슬픔 363
썰물 364

제인 오스틴

Jane Austen, 1775.12.16~1817.7.18

제인 오스틴은 1775년 12월 16일 영국 햄프셔주의 스티븐턴에서 태어났다. 아버지 조지 오스틴은 교구 목사였고 어머니 카산드라는 시와 이야기를 즉흥적으로 지어내는 문학적인 여인이었다. 제인은 6남 2녀 중 일곱째로, 12세 무렵부터 시, 단편소설, 희곡, 산문 등의 다양한 글을 썼으며, 1795년 스무 살에 첫 장편소설 『엘리너와 메리앤』(『이성과 감성』의 초고)을 완성하였다. 그리고 1796년에 남자 집안의 반대로 혼담이 깨지는 아픔을 겪으며 『첫인상』(『오만과 편견』의 초고)을 썼고 1799년에 『수잔』(『노생거 사원』의 초고)을 완성하였다. 1805년에 아버지의 사망으로 어머니와 함께 형제와 친척 집을 전전한 제인 오스틴은 1809년에 셋째 오빠 에드워드의 권유로 햄프셔주의 초턴에 정착해서, 『이성과 감성』(1811), 『오만과 편견』(1813), 『맨스필드 파크』(1814)와 『에마』(1815) 등을 연달아 세상에 내놓으며 큰 호응을 얻었으나, 『설득』(1818)을 쓰다가 악화한 건강을 회복하지 못한 채, 1817년 7월 18일에 42세의 짧은 삶을 마감하였다. 제인 오스틴의 소설들은 중산층의 사교 생활과 결혼에 초점을 맞추어 당시의 사회상을 섬세하고 담담한 필치로 유머와 위트를 섞어 생생하게 묘사했다고 평가된다.

연민에 부치는 노래
Ode to Pity

하염없이 생각하며 기쁘게
정절의 은매화 숲길을 걷노라면
창백한 달이 실연한 사랑에
빛을 비춥니다.
필로멜라*가 아련한 산사나무 덤불에서
달콤하고 구슬프게 노래하고,
개똥지빠귀가
비둘기와 얘기를 나눕니다.

한길을 따라 부드럽게 티격태격,
다정히 쑥덕이며 조용한 냇물이 흘러갑니다 —
달이 구름 뒤에서 나와
은매화 숲에 빛살을 던집니다.
아! 이내 나타나는 정말 사랑스러운 광경들,
오두막, 우리, 작은 동굴과 기묘한 예배당,
허물어져 가는 커다란 수도원까지,
고령의 소나무들에 숨어있다가 고개를 들고

---
*   나이팅게일.

보일락말락 살짝이 내다봅니다.

침대에 드러누웠더니
When Stretch'd on One's Bed

생각도 휴식도 못 하게 만드는
격하게 지끈대는 두통 때문에
침대에 드러누웠더니,
세상을 바삐 돌아가게 하는
굉장한 일들도
별로 해보고 싶지 않네요!

무도회에서 춤추기를 좋아하는
친구들의 왈츠도 릴 춤도
별로 추고 싶지 않네요!
그 몸부림이나 마음의 지향점을
추측하거나 알아보려는
관심도 시시하게만 느껴지네요.

계절이 제공하는 최고의
음식을 먹든 말든
신경조차 쓰고 싶지 않아요!
소스와 스튜에 대해서도,

손님들이 거지였는지 왕이었는지도,
그저 스쳐 가는 생각일 뿐.

축하 종을 치고, 조종을 울려도,
주의를 끌거나 귀에 와닿지 않는
한낱 종소리일 뿐이에요!
신부야 결혼하고,
시신이야 운구되겠지만
우리의 희망이나 두려움과는 무관하죠.

우리 자신의 신체적 고통이
모든 기능을 옭아매면,
다른 문제는 느끼지 못하죠.
건강하고 평안할 때
힘을 장악하고 있어야만
친구들과 우리 영혼을 위해 쓸 수 있겠죠.

한 어린 친구에 대한 즐거운 찬가
Mock Panegyric on a Young Friend

운율에 맞춘 시로 사랑스러운 안나*의
매력들을 열거해 볼게요:
우선, 그녀의 마음은 무한해요
마치 광활한 대초원 같죠.

온타리오호**라면 아마 그 상상력의
광대한 영토를 적절히 표현할 거예요.
그 둘레가, 엄격하게 측량해보면
족히 500마일은 될 테니까요.

그녀의 재치는 적도 친구도 엄습하죠
마치 유명한 나이아가라 폭포 같아요
그래서 여행자들이 모두 깜짝 놀라
응시하며, 귀여겨듣지요.

그녀의 판단력은 대서양을 횡단하는 숲처럼

---

*   제인 오스틴의 친조카.
**   북아메리카 동부 미국과 캐나다 국경에 있는 호수.

든든하고 두툼하고 거뭇하고 깊어서,
그 숲속에서 방랑하는 모두에게
도움을 주고 다정한 그늘을 제공하죠.

그렇기에 그녀의 마음을 정의하려 들면
아메리카는 아마 기진맥진하고 말 거예요,
그 큰 땅에 있는 장대한 모든 것을
직유로 써야만 할 테니까요 —

오, 어떻게 내가 그녀의 인격을
그려서 묘사할 수 있겠어요?
어떻게 그 얼굴을 색칠하고, 그 몸을 드러내겠어요,
그 안에 온갖 미덕이 배어 있는데요?

전혀 새로운 세상이 펼쳐지고,
전혀 새로운 언어가 알려져야만,
혀나 소리가 비로소 그녀의 살과 뼈에 밴
매력들을 두루 드러낼 수 있을 거예요.

머리가 아파요
I've a Pain in my Head

'머리가 아파요'
괴로운 벡포드가
몹시 따분한 의사에게 말했어요.
'오! 뭘 먹어야 할까요?'

몹시 따분한 뉴넘이라는
이름의 이 의사가 말했죠.
'부인의 이 두통을
아! 어찌하면 좋을까요, 부인?'

백포드 양이 말했어요. '혹시
선생님이 생각하시기에 위험하지 않다면,
저는 상당량의
감홍정*을 먹어보려고요.' —

---

*　감홍정(calomel brisk)은 '아름다운 흑색'이라는 뜻의 '염화수은'을 일상적으로 이르는 말로, 하제, 이뇨제나 매독 치료제로 사용되었으나, 수은의 독성 때문에 지금은 사용하지 않는다.

'정말 기특한 생각이네요.'

뉴넘 씨가 대답했죠.

'부인이 그런 묘약을 먹어보겠다면
제가 그리 해드려야지요, 부인.'

이 작은 가방
This Little Bag*

이 작은 가방을 허투루
만든 게 아니었으면 좋겠어 —
혹시, 바늘이 필요하면
이게 도움을 줄 수 있겠지.
그리고 우리가 헤어질 때는
이게 다른 목적으로 쓰이겠지.
네가 이 작은 가방을 볼 때면
너의 친구가 생각날 테니까.

---

* 오스틴이 바느질해서 만든 가방으로, 조카 캐롤라인에게 선물한 크리스마스 선물.

그들이 온대요
See They Come*

그들이 온대요. 타넷 섬에서 급행으로,
사랑스러운 부부가, 함께요.
신부의 부모와 리처드 케닛을
뒤에 남겨두고 떠났대요!
벌써 캔터베리를 지나서,
스탬퍼드 다리를 건너고,
칠햄 마을을 잽싸게 통과하여,
지금쯤 저 산등성이에 올랐겠네요.

그들이 재빠르게 언덕을 내려와서,
드디어 공원을 빙 돌아오나 봐요.
보세요! 소들이 기분 좋게 풀을 뜯다가
그 소리에 깜짝 놀라, 도망치잖아요!

오빠들, 피어 정문까지 달려가요!
문을 활짝 열어줘요, 아주 활짝!

---

*   조카 페니의 관점으로 갓 결혼한 남동생 프란시스 오스틴 부부를 묘사한 시.

우리 삼촌의 신부를 맞이하는데
늦었다는 소리는 듣지 말아야잖아!

마차가 집으로 다가오네요.
드디어 멈췄어요 — 도착했네요, 도착했어요!
안녕하세요, 프란시스 삼촌?
삼촌의 사랑하는 부인도 안녕하시죠?

행복한 노동자

Happy the Lab'rer

주일 옷을 입은 노동자가 행복하네요!
옅은 담갈색-코트, 말쑥한 조끼, 잘-꿰맨 양말,
머리에 모자를 쓰고, 교회에 가네요.
이따금, 대견한 듯 자랑스럽게, 슬쩍슬쩍
내려다보는 풍성한 프로방스 장미가
단추-구멍에 꽂혀, 코를 즐겁게 해주나니,
런던의 가장 명랑한 연인도 부럽지 않죠.
교회에 들어가서 신도석에 자리를 잡고,
은혜로운 그곳에 경의를 표하는 그는
의미도 잘 모르는 기도들을 무척 좋아해서
설교를 들으며 누그러진 마음에 졸다가,
마지막 축도 소리에 기쁘게 깨어나지요.

친애하는 프랭크, 기쁘기를 바래요
My Dearest Frank,* I Wish You Joy

친애하는 프랭크, 기쁘기를 바래요

메리가 무사히 아들을 낳았어요,

메리 제인을 낳았을 적에 비하면

걔는 산통도 거의 없이 나왔으니까요 —

그 아이가 축복받은 사내로 자라나,

부모에게 더할 나위 없이 사랑받기를! —

예술과 자연의 장점을 타고나,

오빠의 피와 함께 이름을 지닌

그에게서, 그의 모든 태도에서, 우리가

또 다른 프란시스 윌리엄을 만나기를! —

오빠의 어린 시절을 그가 물려받기를,

그때의 온정, 아니 오만한 기개를요 —

우리는 한 가지 단점이라도 없애서

닮은 점을 약하게 만들고 싶진 않으니까요.

그 아이도 오빠의 유아기 죄를 되풀이하며,

---

*   프랭크는 제인 오스틴보다 한 살 위의 오빠로, 이 시는 첫째 딸 메리 제인에 이어 둘째 프랜시스 윌리엄을 얻은 오빠에게 보낸 축하 편지 형식의 작품이다.

대담하게 안을 들여다보다가,
곱슬곱슬한 머리카락을 살짝 들켜놓고는,
'진짜, 난 엿보려고 온 게 아니라니까.' —
위험을 두려워하지 않고, 고통에 맞서고,
위협을 당하면 번번이 빠져나가지만,
유일한 두려운 존재가 그의 영혼을 어여삐 여겨,
이웃 당나귀의 끔찍한 울음소리 같은
이 우쭐거리는 겉모습들 속에
꼭 필요한 통제 기관이 들어있기를.
그리하여 아이 때의 결점들에 못지않게,
온순하게 성숙하도록 이끌어주기를!
유아기의 심술궂은 날들에 했던
그의 짓궂은 말들과 불같은 행동들이
성인이 되면, 아버지의 마음을 닮아
그처럼, 사려 깊고 친절해서,
주위 사람들에게 아주 너그럽고,
화를 내더라도 상처는 주지 않기를.
또한 그의 아버지처럼, 그 아이도
자신의 이전 노력에 합당하게,
정직한 감정으로 자신의 사막을 절감하며
자신의 자기-수양을 온전히 경험하기를.
본래의 결점이 그처럼 최고의 축복,

합리적인 가치를 낳기를 바랄게요.
우리 가족은 다들 아주 잘 있어요,
꾸밈없는 산문이 말해주듯이요. ―
카산드라*의 펜이 우리의 상태를 그려줄 거예요,
우리의 초튼 집에서 대기하고 있는
수많은 안락, 그중 많은 것이
이미 우리의 마음속에 들어있어서,
그게 꽉 차면, 지금껏 짓거나 수리해서
축소한 방들이나 넓힌 방들을 만든
다른 집들을 모두 물리치고 말리라는
확신마저 들 지경이에요.
내년에도 우린 아주 안락할 거예요,
아마 찰스와 패니**도 가까이 있을 텐데,
걔들이 우리를 정말 좌지우지할 것을 상상하면
지금도 종종 기쁨에 젖곤 하니까요. ―

---

*   제인 오스틴보다 한 살 많은 언니.
**   제인 오스틴의 셋째 오빠 에드워드의 아들과 딸.

오! 베스트 씨 참 나빠요
Oh! Mr Best You're Very Bad

오! 베스트 씨, 당신은 참 나빠요
온 세상이 그걸 알게 될 거예요.
꽤 음악적인 시인인, 내가
당신의 비열한 행동을 노래할 테니까요. ―
당신은 여름이 올 때마다
해로우게이트에 오곤 했잖아요,
그런데 대체 왜 올해는
가지 않겠다고 하는 거예요?

방법도 간단하고, 길도 평탄하고,
마차 삯도 오르지 않았어요.
당신이 더 뚱뚱해진 것도 아니고요,
더 젊은 아저씨는 아니지만요, 아무튼 ―

물도 쓸모가 있을 때 써야지
왜 이제 쓰지 않겠다는 거예요?
당신이 내년에 살아있지 않을 수도 있어요,
이 지상의 모든 것이 필멸하니까요. ―

당신의 건강을 회복하는 것은
당신의 의무에요, 베스트 씨.
그렇지 않으면 리처드의 알약도 소용없고,
당신 배우자의 보살핌도 소용없을 거에요.

하지만 그보다 더 고귀한 의무가
당신을 지금 북쪽으로 부르고 있어요.
고결하게 일어나서 — 마사 로이드의
에스코트로 나서주세요.

그녀에겐 당신의 도움이 필요해요 — 그녀가
특별한 호칭으로 당신을 존경하잖아요.
어서 일어나서 모두의 친구인
그녀의 친구가 되어주세요.

그녀를 데려와서, 그토록 믿음직한
딸을 가진 당신의 행운에 경탄하세요,
그녀의 재치 있고 달콤한 대화가
더위도 먼지도 다 떨쳐버릴 거에요. —

그런 딸 덕에 여정이 너무 짧은 듯해서

당신이 마차를 세우라고 할 지경으로요.
뉴버리에서 스핀 힐까지의 여정이
꼭 전속력으로 운전하듯 느껴질 거예요. ―

그녀를 모든 부인에게 안전하게 데려다주면
저도 과거를 잊고,
당신을 칭찬하는 시들을 최대한
아름답게 빨리 써드릴게요

그래도 당신이 여전히 가지 않겠다면
난 절대로 당신이 못 쉬게 할 거예요,
비난하는 노래로 당신을 괴롭힐 거예요
오! 사악한 베스트라고요! ―

윈체스터 경마가
When Winchester Races*

윈체스터 경마가 처음 시작되었을 때는
선량한 사람들이 그들의 옛 성자를 다 잊어서
성 스위딘이 떠난 것도 기리지 않고
위컴의 윌리엄**의 재가마저 희미해진 시절이었죠.

그러나 경마일정이 확정되고 결정되었죠
손님들이 찾아오고 날씨도 매력적이었죠
영주들과 숙녀들도 공단과 하얀 담비 차림이었고
아무도 미래의 경고를 내다보지 못했죠. ―

그런데 그 옛 성자가 이런 행위들을 전해 듣고는
그를 모신 사당에서 단번에 솟구쳐서 너무나 슬프게
폐허로 변해버린 궁전의 지붕으로 올라가

---

* 제인 오스틴이 죽기 3일 전인 1817년 7월 15일에 쓴 마지막 시로 알려져 있다.
** 성 스위딘(Saint Swithin, 808?~862?)은 윈체스터 주교를 지낸 성직자로, 7월 15일이 축일이다. 이날 비가 오면 40일간 밤낮으로 내린다는 속설이 전해진다. 위컴의 윌리엄(William of Wykeham, 1320?~1404) 역시 윈체스터 주교를 지낸 인물로, 윈체스터 칼리지(기숙학교)의 설립자이며, 윈저성을 세우는 데도 크게 공헌했다고 알려져 있다.

시큰둥하게 서 있는 그들 모두에게 설파했죠.

"오! 반항적인 백성들아! 오 타락한 벤타*여
우리가 일단 묻히면 다들 떠났다고 생각하지만
불멸의 나를 보라! 너희가 악의 노예가 되었구나
죄를 지었으니 마땅히 고통을 받으리라 —" 그러며
말했죠

"이 경마와 유흥과 방탕한 율동들로
너희가 근처의 초원을 짓밟고 있구나
풀이 살게 두라 — 너희의 쾌락에 저주가 따르리라
경기장으로 가보라, 내가 나의 비로 몰아내리라.

너희도 나의 7월 지휘권을 알 수밖에 없으리라
앞으로 내가 나의 권능을 발휘해서 승리할 테니
너희가 경주를 연기하더라도 마를 날이 없으리라
벤타에 내린 저주가 바로 7월의 소나기이니. —"

---

*   벤타(Venta)는 윈체스터의 옛 이름.

엘리자베스 배릿 브라우닝

Elizabeth Barrett Browning, 1806.3.6~1861.6.29

 엘리자베스 배럿은 1806년 3월 6일에 영국 북부 더럼에서 재력가 부모의 8남 4녀 중 장녀로 태어났다. 배럿 일가는 자메이카에서 수 세기 동안 노예를 부리며 설탕 농장, 방앗간, 유리공장, 선박무역업 등으로 엄청난 부를 축적한 갑부 집안이었다. 아버지의 주요 수입원도 자메이카에 있었고 그녀의 외가도 상당한 재력가였다. 여섯 살 혹은 여덟 살 때부터 시를 썼다는 엘리자베스 — 그녀의 대표작 『포르투갈인의 소네트』(1850)는 여섯 살 연하의 시인 로버트 브라우닝의 열렬한 구애에 대한 더 열렬한 답변으로, 사랑의 시작에서 완성에 이르기까지 사랑하고 사랑받는 여인의 심경 변화 과정을 여성 고유의 섬세하고 절절한 필치로 그려낸 낭만적 사랑의 정수로 통한다. 아버지의 완강한 결혼 반대를 무릅쓰고 브라우닝과 둘만의 비밀 결혼식을 올린 후에 이탈리아로 도피하는 모험까지 감행한 엘리자베스 배럿 브라우닝 — 그녀는 워즈워스의 뒤를 이을 계관시인 후보로 거론될 만큼 유명하고 영향력 있는 여성 시인이었다. 그 자리는 알프레드 테니슨에게 돌아갔으나, 1861년 6월 29일 남편의 품에 안겨 15년간의 행복한 이탈리아 생활을 뒤로하고 저세상으로 떠나며 그녀가 마지막으로 남긴 말이 "아름다웠어요"였다.

남자의 자격
A Man's Requirements

임이여 사랑해주세요, 온몸으로
  느끼고 생각하고 보아주세요.
가장 밝은 부분*으로 사랑해주세요,
  온 존재로 저를 사랑해주세요.

열린 젊음으로 사랑해주세요
  그 솔직한 헌신으로,
당신 입의 맹세로,
  그 부드러운 침묵으로.

하늘색 눈으로 사랑해주세요
  진지하게 시인하는 눈으로,
하늘에서 색을 취하였으니
  천국의 진리가 부족하겠어요?

사랑해주세요, 처음 맞는
  눈처럼 내려앉는 그 눈꺼풀로,

---

*   몸에서 가장 밝은 부분은 바로 눈?

사랑해주세요, 이웃들에게 뛰는 모습
　다 들통나고 마는 당신의 가슴으로.

쑥 내민 손으로 사랑해주세요
　자유롭게 ― 열린 마음으로.
뒤따르는 발소리를 듣고서 ―
　늑장 부리는 발로 사랑해주세요.

사랑해주세요, 내 위에서
　갑자기 아련해지는 목소리로,
사랑해주세요, 사랑해줘요 속삭이는
　내 목소리에 달아오르는 홍조로.

생각 깊은 영혼으로 사랑해주세요,
　사랑의 한숨으로 귀띔해주세요,
온갖 상념으로 사랑해주세요,
　삶도 ― 죽음도 헤쳐나갈게요.

사랑해주세요, 당신의 눈부신 풍모에
　세상이 왕관을 씌워줄 때도,
사랑해주세요, 무릎 꿇고 기도하는
　당신을 천사들이 감싸줄 때도.

순결하게 사랑해주세요, 명상가들이
  높은 산 그늘진 숲에서 그러듯이.
유쾌하게 사랑해주세요, 쾌활한
  숙녀처럼 변함없이 진실하게요.

우리의 용기를 키우는 온갖 희망으로,
  아득히 떨어져서든 한결 가까이서든,
사랑해주세요, 집이든 무덤이든,
  더 고귀한 무엇을 위해서든.

이만큼만, 증명해 보이면, 임이여,
  여인의 사랑은 절대 우화가 아닐 거예요.
나도 당신을 사랑해볼게요 — 한 반년 —
  남자의 자격을 갖추는 한.

숙녀의 좋아요
The Lady's Yes

간밤에는 당신한테 "좋아요!" 했지만,
　이 아침에는, 임이여, "안 돼요!" 할래요!
촛불에 비친 불긋한 얼굴빛이
　낮 빛에는 다르게 보일 테니까요.

작은 북들이 최고의 연주를 했을 때는
　천장의 조명도 객석의 웃음소리도 —
나를 사랑해주세요도 희롱처럼 들렸죠,
　그래요도 좋고 안 돼요도 좋은!

나를 부정하다, 방종하다 해도 좋아요 —
　맹세코, 어떤 빛을 비추어도
당신 같은 남자는 나의 얼굴에서
　한 치의 슬픈 변화도 못 볼 테니까요.

더구나 잘못은 우리 모두에게 있어요 —
　춤출 시간에 구애는 금물이니까요 —
가벼운 구애자는 변덕스레 약속하죠 —

나에 대한 모욕이 당신한테 되튀는 꼴이죠!

숙녀의 믿음을 사는 기술을 배우세요
  귀중한 물건인 양, 고귀하게,
생사를 걸 것처럼, 용감하게 ―
  충심으로 진중하게요.

축제의 무대에서 여인을 인도해서
  별이 빛나는 밤하늘을 보여주며,
여인을 보호하세요, 구애의 치렛말에
  더럽혀지지 않은 당신의 진실 어린 맹세로.

당신의 진심에 여인도 진실할 거예요 ―
  옛 아낙들처럼 한결같이 진실할 거예요 ―
그래서 여인이 당신한테 한번 그래요하면,
  영원히 그래요가 될 거예요.

당신이 꼭 나를 사랑해야겠거든
If Thou Must Love Me

당신이 꼭 날 사랑해야겠거든, 다른 건 말고
오직 사랑만을 위해 그리해주세요. '그녀의 미소 —
그녀의 얼굴 — 그녀의 다정한 말투 때문에 —
나랑 딱 들어맞는 재치 있는 생각 때문에,
그런 날이면 꼭 즐거운 안도감을 선사했기에
그녀를 사랑해' 그런 말은 하지 마세요.
이런 것들은, 임이여, 스스로 변해버리거나,
당신을 위해 변할 수도 있어요 — 그리 맺은 사랑은
그리 끝나버릴지 몰라요. 내 뺨의 눈물을 닦아주는
당신의 귀한 동정심으로도 나를 사랑하지 마세요 —
오랫동안 당신의 위안으로 살아온 미련퉁이가
우는 법을 잊고, 당신의 사랑마저 잃을지 모르니까요!
오직 사랑만을 위해 사랑해주세요, 언제나
당신이 나를 사랑해줄 테니, 영원한 사랑이 다 하도록.

다시 말해주세요
Say Over Again (XXI)

다시 말해주세요, 그래도 다시 한번
당신이 나를 사랑한다고. 그 말을 되풀이해도
당신이 하면 꼭 "뻐꾸기 노래" 같을 거예요.
기억하세요, 언덕으로도 들판으로도, 계곡
숲으로도, 뻐꾸기 노래와 함께 비로소 새봄이
온통 녹색 치장하고 온전히 온다는 것을요.*
임이여, 어둠 속에서 의심하는 마음의 소리를
듣고서, 저 의심의 고통에 잠겨 소리쳐요,
"한 번 더 말해주세요 — 당신을 사랑한다!" 저마다
하늘에서 돌고 돌 별들인데 너무 많다고, 저마다
한 해를 장식할 꽃들인데 너무 많다고, 두렵겠어요?
말해줘요 나를 사랑한다, 사랑한다, 사랑한다 — 계속
그 은방울을 울려 줘요! — 또 잊지 말고, 임이여,

---

* "뻐꾹 뻐꾹" 반복해서 우는 뻐꾸기의 '소리'를 생각하면 참 재밌는 발상이지만, 다른 새의 둥지에 알을 낳아서 키우는 뻐꾸기의 '생태'를 생각하면 꼭 그렇지만은 않을 것이다. 그러나 사랑에 빠진 연인에게 '뻐꾹 뻐꾹 뻐국' 소리마저 '사랑해 사랑해 사랑해'처럼 들리면 그만이지, 뻐꾸기의 생태가 중요하랴!

침묵할 때도 당신의 영혼으로 나를 사랑해줘야 해요.

나의 편지들!

My Letters! (XXVIII)

나의 편지들! 모두 죽은 듯이 말 없는 백지!
그런데 다들 살아나서 꿈틀대는 것 같네요
묶인 끈을 풀어서 오늘 밤 무릎에 하나둘
떨어뜨리는 나의 떨리는 손길에 닿아서요.
이 편지는 말했죠 — 그이가 벗으로서 나를
한번 보고 싶다고. 어느 봄날에 작정하고
와서 내 손을 잡겠다고... 사소한 일이지만,
난 울고 말았죠! — 이 편지에는 …… 종이 빛깔마저 ……

임이여, 당신을 사랑하오, 하는 통에 덜컥 겁을
먹었어요, 훗날 주님이 내 과거를 호통하는 듯이요.
이 편지는 말했죠, 나는 당신 것 — 그 잉크 자국이
벅차게 뛰는 내 품에 안겨서 희미해질 지경이었죠.
그리고 이 편지 …… 오 사랑이여, 딴말은 소용없었죠,
이 말로 족해서, 나도 결국 되풀이하고 말았으니까요!

당신을 생각하면!
I Think of Thee! (XXIX)

당신을 생각하면! — 숱한 생각들이 당신을 휘감고
곳곳에 싹을 틔워요, 야생 덩굴이 나무를 감싸고,
넓은 잎들을 돋우어, 이내 그 나무를 가리는
얽히고설킨 푸른 잎들 말고는 아무것도 안 보이듯이요.
하지만, 오 나의 야자수여, 부디, 이해해 주세요,
내가 더 귀하고, 더 좋은 당신 대신 내 생각들을
취하지는 않을 테니까요! 차라리, 즉시
진짜 당신을 되찾고 말겠어요, 강한 나무가 그러듯,
당신의 가지들을 뒤흔들고 줄기도 완전히 벌거벗겨,
당신을 에워싸는 이 푸른 이파리 떼를,
 억수같이 떨어뜨리고 — 터뜨려서, 곳곳에 흩어버리
겠어요!
 당신을 보고 그 목소리를 듣고 당신의 그림자에 싸여
 새 공기를 마시는 게 이렇게나 벅차도록 기쁜 일이
기에,
 당신을 생각하느니 — 당신 곁에 꼭 붙어 있겠어요.

처음으로 그이가 입 맞추었을 때는
First Time He Kissed Me

처음으로 그이가 입 맞추었을 때는 그저
글 쓰는 이 손의 손가락에 키스했을 뿐인데,
그 후로 손이 점점 깨끗해지고 하얘지더니
세상 인사들에 무뎌지고, "오, 들어봐" 하는
천사들의 속삭임에 민감해졌죠. 자수정 반지를
여기에 낀다 해도 그 첫 키스만큼 또렷하게
안 보일 거예요. 두 번째 키스는 처음보다
위로 나아가서, 이마를 찾다가 약간 벗어나서,
거의 머리칼에 떨어졌죠. 오 넘치는 보상!
그건 사랑의 성유였어요. 사랑의 왕관이 친히
거룩한 향기를 풍기며 미리 지나간 것이었죠.
세 번째는 내 입술을 푹 완전하게 포개며
내려앉았죠, 보랏빛 흥분! 진정, 그때부터
나도 당당하게 말했죠, "내 사랑, 내 사람아."

얼마나 당신을 사랑하느냐고요?
How Do I Love Thee?

얼마나 당신을 사랑하느냐고요? 헤아려볼게요.
당신을 사랑해요, 눈은 멀었어도 존재와
더없는 은총의 근원을 찾아서 더듬거리는
내 영혼이 닿을 만한 깊이와 넓이와 높이까지.
당신을 사랑해요, 잊고 지내지만 없으면 하루도
못 살 만큼 절실히 필요한 햇살과 촛불을 대하듯.
사랑해요, 권리를 위해 투쟁하는 이들처럼 자유롭게.
사랑해요, 칭찬에 겸연쩍어하는 이들처럼 순수하게.
당신을 사랑해요, 지나간 옛 슬픔에 젖어서
쏟았던 정열로, 또 내 어린 시절의 믿음으로.
당신을 사랑해요, 나의 성인聖人들을 떠나보내고
잊어버린 줄 알았던 사랑으로. 당신을 사랑해요,
내 평생의 숨, 미소, 눈물로. 또 신이 허락하시면,
죽은 후에 더더욱 당신만을 사랑하겠어요.

『오로라 리』에서
From Aurora Leagh*

그러나 시인들은

이중의 비전을 발휘해야 한다. 가까운 일들은

마치 멀리서 시점을 취한 듯이

포괄적으로 보고, 멀리 있는 일들은

직접 어루만지듯이, 친밀하게 깊이 보는

눈을 지녀야 한다. 우리 함께 이를 위해 노력하자.

나는 자기 시대의 특징도 영광도

식별하지 못하면서, 영혼의 수레바퀴를 오백 년 뒤로

굴려서, 해자나 도개교를 건너,

웬 성의 궁전으로 들어가서, 노래하는 시인은

믿지 않는다. 오, 그 개천에는 도마뱀도

두꺼비도 살지 않는다 — 변명의 여지는 있겠으나,

반은 기사요 반은 양치기인 어떤 찌무룩한 지배자,

반은 노예요 반은 여왕인 어떤 아름다운 귀부인에 관한

시 역시 죽은 것이나 진배없다. 대부분, 그들을 따른

---

* 장편 운문 로맨스 『오로라 리』의 제5권 183~222행을 발췌하여 번역한 것이다.

기사들의 뼈를 토대로 삼아 지어졌기 때문에,

경탄의 대상이 아니라, 죽음이 죽음을 물려주는 꼴이기에.

오히려, 이 세상에 시인이 들어갈 자리가 있다면,

조금 무성하긴 해도, (나는 있다고 생각한다)

그들의 유일한 과업은, 샤를마뉴의 시대가 아니라,

그 시대, 자기 시대를 재현하는 일이다 — 다투고 속이고

발광하고 계산하고 열망하는 시대, 론세스바예스에서

수하 기사들과 분투한 롤랑보다* 더 많은 열정,

더 영웅적인 열성을 이 시대 응접실의

거울들 사이에서 쏟는, 이 살아서, 두근대는 시대를.

신식 광택제, 외투와 주름 장식을 외면하고,

토가나 고풍스러움**을 부르짖는 것은

치명적이다 — 또한 미련한 짓이다. 아서왕 자신도

---

*   론세스바예스는 프랑스 국경 근처의 피레네산맥에 있는 해발 약 천 미터의 고지로, 778년에 샤를마뉴대제가 스페인 원정을 떠났다가 매복하고 있던 사라센군에 패한 곳이다. 이 지명과 관련하여, 샤를마뉴대제의 조카로 이 전투에서 싸우다가 장렬히 전사한 영웅 롤랑에 관한 이야기 『롤랑의 노래(La Chanson de Roland)』가 유명하다.

** 토가는 고대 로마의 시민들이 입은 겉옷 또는 직복. "고풍"의 원문(the picturesque)은 18세기 후반부터 건축, 미술, 문학(소설) 등의 분야에서 유행하기 시작하여 19세기 내내 계속되었다. '고풍스럽다'로 번역한 픽처레스크는 본뜻에 가까운 '그림 같다' 외에도, '이국적이다, 추하다, 가난에 찌들다, 파멸하다, 다채롭다' 등과 같은 여러 의미를 내포한 개념이었다.

기네비어 부인한테는 평범한 사내일 뿐이었고, 카멜롯도

음유시인들에게는 단조로워 보였다, 플리트 거리가
우리 시인들에게 그러하듯이.*

      절대 피하지 말고,

부도덕하나마 여전히 영웅적인, 노래의
불타는 용암을 타고, 충만한 혈맥으로
부풀어 오르는 두 가슴의 시대를 붙들어라.**
다음 시대가 도래하여, 그 시대의 사람들이
존경 어린 손으로 그 인상印象을 만지며 말할 수 있게,
"보라 — 우리 모두가 빨아먹은 젖꼭지들을 보라!
이 젖가슴이 여전히 뛰는 것 같다, 그게 아니라도 적어도

우리 가슴을 뛰게 한다. 이것이 살아 있는 예술로,
진정한 삶을 그렇게 보여주고 그렇게 기록한다."

---

* 아서왕은 초기 영국의 전설적인 왕으로, 원탁의 기사들이 그를 보필하였다. 그의 아내이자 여왕이었던 기네비어가 남편을 배신하고 기사 랜슬럿과 사랑에 빠지는 바람에, 아서왕의 마음뿐 아니라 그의 궁전이 있었던 전설의 도시 카멜롯도 무너지고 만다. 플리트 거리는 런던의 중심부로, 당시에 많은 신문사가 상주해 있었다.

** 『오로라 리』가 처음 출간되었을 때 비평가들로부터 부정적인 논평을 많이 받은 대목이다. 그러나 시대를 '용암,' '여인의 가슴'에 빗댄 것은 그 자체가 여성성의 담대한 주장이자 여성 시인으로서 자신의 시, 더 나아가서는, 여성 작가들의 문학에 대한 당찬 변호로 볼 수 있다.

한 나라에 대한 저주
A Curse For a Nation*

프롤로그

간밤에 한 천사의 얘기를 들었다.
천사가 말했다 "써라!
나 대신 한 나라의 저주를 써서,
그것을 서쪽 바다 너머로 보내라."

내가 말을 가로막고, 더듬거렸다.
"그리는 못 합니다, 천사님!
꼭 저주라야 한다면, 다른 이를 택해
저의 형제를 향한 당신의 저주를 보내세요.

저는 감사, 사랑과 피로,
바다 건너
저의 형제들에게 묶여 있는 몸이요,

---

* "한 나라"는 미국을 가리킨다. 미국에서 노예제가 폐지되기 전에 지어진 이 시에서 배럿 브라우닝은 자유를 대변한다고 주장하면서 노예제를 용납하는 미국의 모순을 비판한다. 그러나 이어지는 「프롤로그」에서는 주로 당시 영국의 사회적, 정치적, 문화적 병폐들을 비판하고 있다.

그들도 저에게 다정한 손길을 뻗치나니."

"그러니" 그 목소리가 말했다 "네가
오늘 밤 나의 저주를 써라.
사랑의 극치에서 저주는 몰려나온다,
번개가 하늘 꼭대기에서 몰아치듯이."

"그렇지 않습니다" 내가 답했다. "늘
저의 가슴도 쓰라립니다,
우리나라의 죄들로 인해서요. 거리를 따라서
피 흘리며 지나가는 아이들의 작은 발들,

으스대고 앉아서 올바른 길을
부정하는 고관들 때문에
두 벗이 입맞춤도 못 할 만큼 열린
좁은 문틈으로 건네는 자선 때문에

해협만 건너면 약해지는
자유에 대한 사랑 때문에
자화자찬, 사리, 의심에
절망하여 악만 남은 애국심 때문에

소수 독재정치 의회와,
선의로 받았다는 뇌물 때문에.
우리나라의 죄들로 무거운 영혼인데,
다른 나라에 무슨 저주를 내리겠어요?"

"그러니" 그 목소리가 말했다, "네가
오늘 밤 나의 저주를 써라.
너에겐 너의 대문 안에서 자행되는
부정한 일을 직시하고 증오할 힘이 있으니."

"그렇지 않습니다" 내가 다시 한번 답했다.
"저주하시려면, 남자를 택하세요.
저는 여자로서, 그저 어찌 가슴이 녹아
눈물이 흐르는지를 배웠을 따름이니."

"그러니" 그 목소리가 말했다 "네가
오늘 밤 나의 저주를 써라.
밤에도 낮에도, 울며 저주하는
여인들도 있으니 (그리 놀랄 일도 아니다).

그러니 네가 오늘 밤 그들을 대신하여,
울며 써라.

여성의 깊은 가슴속에서 솟구친 저주는
바로 소금이라서, 씁쓸하면서도, 달콤하나니."

그리하여 나는 진정 슬픈 마음으로,
온 세상이 읽을 저주를 썼다.
그리고 이렇게, 요구받은 대로,
그 저주를 서쪽 바다 너머로 보낸다.

저주

너희가 한 나라의 정상을 오르는
용맹한 사람들의 분투를
지탱해준 너희 자신의 버팀 사슬을 끊고,
낙인과 가죽끈으로 타인들의 영혼을
내리누르고 있기에 — 이 학대에 대해
이 저주를 쓴다.

너희 자신이 자유의 선두를 달리는
신생국으로
꼿꼿이 서 있으면서도,
여전히 뻔뻔스레, 몸부림치는 노예들을

계속 짓밟고 있기에 — 이 범죄에 대해
이 저주를 쓴다.

너희가 구세계의 시각으로 존중받기를
요구하며
하나님의 이름으로 번영하면서도,
순교자들을 교살하는 악마 짓을 완벽하게
벌이고 있기에 — 이 거짓에 대해
이 저주를 쓴다.

왕들이 작당해서 백성들의 들끓는
불을 에워싸는 것을 지켜보면서도,
너희만 안락하면
절대 나서지 않으리니 — 오 부끄럽구나!
너희 가슴에서 불타는 생각에
불꽃을 지피기 위해
이 저주를 쓴다.

나라들이 블러드하운드들과 싸우다가,
죽거나 살아남아, 놈들의 턱에서
힘없이 떨어지거나, 거꾸로 놈들을
목 졸라 죽이는 광경을 주시하며,

소곤거리는 너희의 숨결만이
대의를 뒷받침할 것이기에
이 저주를 쓴다.

강자들이 봉건제의 그물을 끌어당겨
약자들을 목 조르는
광경을 주시하다가,
죄에 대해 죄로 맞서면,
너희가 하고픈 말보다 가슴속
너희의 영혼이 더 슬플 것이기에
이 저주를 쓴다.

선자善者들이 그리스도께 선인選人들의
원수를 갚고 대지를 해방해주소서,
의기양양 기도할 때면,
귓가에 나직이 울리는 그 기도 소리가
마치 너희를 몰아치는 웬 원수의
짓밟는 소리처럼 들릴 것이기에
이 저주를 쓴다.

현자들이 너희를 칭찬할 때는
너무 멀리 간 듯싶게, 열띤 빈말로

칭찬하리니
헌장들을 올바로 지켰다고 자랑하는
너희도 얼굴을 붉히리라. 너희가 하는 짓이
작금의 너희를 비웃는 꼴이기에
이 저주를 쓴다.

바보들이 너희의 대문에 대고 조롱해도,
너희가 담 너머 보듯 하면
멸시야 다소 누그러지겠지만,
너희의 양심, 전통과 평판이
그들 모두의 최악행보다 지독한
허물로 폭발할 지경이기에
이 저주를 쓴다.

가라, 어디든 악행들이 자행되는 곳으로,
가라, 햇살 속에 너의 깃발을 꽂아라,
악을 일삼는 자들 바로 옆에!
그래서 너의 저주에 무춤하여
행여 신이 지켜보는 우주의
저주를 붙드는 일이 없도록
이 저주를 쓴다.

샬럿 브론테

Charlotte Brontë, 1816.4.21~1855.3.31

샬럿 브론테는 1816년 4월 21일 영국 요크셔주의 손턴에서 태어났다. 그녀는 아버지 패트릭 브론테와 어머니 마리아 브란웰의 1남 5녀 중 셋째였다. 그녀가 다섯 살 때 어머니가 암으로 일찍 세상을 떴고 그 빈자리를 이모가 채워 주었다. 성공회 사제로 여러 교구를 전전하던 아버지가 1824년에 요크셔 하워스 분교구의 사제직을 얻어서 정착했는데, 유명한 세 브론테 자매의 문학적 재능이 활짝 꽃피운 곳이 이 쓸쓸하고 황량한 벽지의 목사관(지금의 브론테박물관)이다. 그해에 샬럿은 두 언니, 동생 에밀리와 함께 코언 브리지 스쿨이라는 기숙학교에 들어갔는데, 이 학교는 가난한 목사의 자녀들에게 저비용으로 교육의 기회를 제공한다던 애초의 그럴싸한 말과 달리, 학생들을 굶주림과 추위에 시달리게 하고 상급생과 교사들의 학대와 폭력을 조장하고 묵인하는 악의 소굴이었다. 1825년에 연달아 죽은 두 언니 마리아와 엘리자베스의 사인이 영양실조와 폐결핵이었다. 어린 샬럿에게 육체적·정신적으로 큰 충격을 안긴 이 사건과 경험은 훗날 『제인 에어』(1847)의 로우드 기숙학교로 재현된다. 샬럿은 1831년에 로헤드 학교에 입학해서 학업을 마치고 1835년부터 1838년까지 그곳에서 교사로 일했고, 1842년에 에밀리와 함께 학교를 설립하겠다는 꿈을 안고 벨기에 브뤼셀로 가서 2년간 공부했는데, 이때의 경험이 소설 『빌레뜨』(1853)의 바탕이 되었다. 영국으로 돌아온 샬럿은 1846년에 에밀리, 앤과 함께 시집 『커러, 엘리스, 액턴 벨의 시』를 자비로 출판했지만 두 권밖에 팔리지 않았다고 전해진다. 그러나 1847년에 커러 벨이라는 가명으로 낸 『제인 에어』의 폭발적인 인기에 힘입어 샬럿은 작가로서 크게 성공한다. 1847년은 에밀리의 『폭풍의 언덕』과 앤의 『아그네스 그레이』도 출간된 경이로운 해였으나, 샬럿은 1848년에 브란웰과 에밀리를 잃고 1849년에 막냇동생 앤까지 잃는 큰 아픔을 겪는다. 독신을 고집한 샬럿은 1854년에 아버지의 부목사 아서 벨 니콜스와 결혼해서 아이를 가졌으나 여러 가지 병이 겹쳐서 결혼 9개월 만인 1855년 3월 31일에 아기와 함께 숨을 거두었다.

삶
Life

삶은, 정말, 현자들이 말하듯
그리 암울한 꿈이 아니에요.
약간의 아침 비가 왕왕
유쾌한 하루를 예시하죠.
가끔 울적한 구름이 끼지만,
이 구름도 다 일시적일 뿐이에요.
소나기가 장미꽃을 피어나게 한다면,
오, 왜 비가 내린다고 슬퍼하겠어요?

  빠르게, 즐겁게,
삶의 화창한 시간들은 휙휙 날아가죠,
  감사하게, 명랑하게,
날아가는 그 시간들을 즐기세요!

죽음이 이따금 끼어들어
우리의 절친을 불러내면 어때요?
슬픔이 이겨서, 희망 위에 올라타,
무겁게 뒤흔드는 것 같으면 어때요?

그래도 희망은 다시 탄력 있게 솟구쳐요,
희망은 넘어져도, 지지 않거든요.
그 금빛 날개는 우리를 너끈히 태우는
한결같은 부력에 한결같은 힘을 지녔거든요.

  대담하게, 두려움 없이,
심판의 날을 견디세요,
  영광스럽게, 의기양양하게,
용기가 절망을 억누를 수 있으니까요!

열정
Passion

누구는 몹시 무모하고 격렬한 슬픔으로,
열광적인 기쁨을 쟁취했죠.
오늘 밤 당신의 사랑을 얻을 수 있다면
나도 내일의 죽음을 감수하겠어요.

그 전투-분투로 당신의 눈에서
다정한 눈길 한 번 받을 수 있다면,
이 꺼져가는 가슴이 확 타올라,
그 격렬한 싸움에 도전해볼게요!

자다 깨다 하는 밤들과
살육의 냉혹한 낮들도 환영할게요,
내가 위험하다는 소식에
우는 당신 모습을 그려볼 수 있다면요.

말해주세요, 떠돌이 무리에 섞여
내가 아주 멀리서 배회하면,
당신도, 그 먼 땅까지,

영혼으로나마 따라와 줄래요?

사납게, 길게, 나팔이 멀리서 울며,
나에게 명령하는 나에게 진격하라 명령하는
그곳은 셰이크와 브리튼이 교전을 벌이는
인도 수틀레지강*의 강물 위에요.

피가 수틀레지강의 파도들을
진홍색 얼룩으로 물들였어요, 맞아요,
인더스 강변들이 하품하며 무덤들로 변하죠,
하지만, 나에게 진격하라 명령하네요!

양국의 대학살에 역겹고 엄청난
증기가 하늘로 피어오르지만,
그 명령만 떨어지면 기꺼이
나도 그 죽을-운명의 무리에 끼겠어요.

열정의 힘이 내 팔을 긴장시키고,
그 격정이 나의 활기를 북돋우겠죠,

---

* 수틀레지강(the Sutlej)은 티베트 서남부에서 서쪽으로 흐르다가 서남쪽으로 흘러, 인도의 서북부를 관통하여 파키스탄 동부에서 인더스강으로 들어가는 길이 1,450km의 강.

인간의 힘이 그 무서운 마력에 맞서
폭풍우와 싸우는 나무들처럼
사납게 울부짖다가 굴복하여 쓰러질 때까지요.

전쟁에 달아오른, 내가 당신의 사랑을 구하면
당신이 감히 외면할까요?
그러면, 당신이 감히, 경멸과 미치게 하는
교만으로, 나의 정염을 비난할까요?

아니요 — 내 의지가 아주 고결하고 자유로운
당신의 의지를 통제하고,
사랑이 그 오만한 영혼을 길들일 거예요
그래요 — 나에 대한 아주 다정한 사랑으로요.

당신의 두 눈에서 나의 승리를 읽고,
그 변화를 바라보고, 증명할 거예요.
그 후에, 어쩌면, 나의 당당한 상賞을 두고 떠나,
다시 한번 조준에 들어가겠지요.

밝은 포도주에 거품이 일어서,
반짝반짝 다 차오르면, 나는 죽겠어요.
다 마른 컵에 삶의 흐릿한 찌꺼기들만

남을 때까지 기다리지 않을 거예요.

그렇게 사랑의 달콤한 보관을 쓰고,
희망의 충만한 축복을 받으며,
나는 안장에 올라, 검을 뽑아 들고,
돌격하다가 죽을 거예요!

기쁨
Pleasure

진정한 기쁨은 도시 공기를 풍기지 않고,
예술의 사원에서 살고 있지도 않아요,
장엄한 소리가 배어 있는
궁전들에도 탑들에도 없어요.

절대로요! 고귀한 자연이
자신의 웅대한 숲속 궁을 장악하고,
왕권을 펼치며,
아름답게 생동하는 곳에서 찾으세요.

아주 즐겁게 노래하는 수천의 새들,
사납게 몰아치는 폭풍과
졸졸 흘러가는 수백의 시냇물들이
그녀의 대단한 합창단을 이루는 곳에서요!

나무들이 희미한 달빛에
멱을 감고 아름답게 잠들어 있는 곳,
아니면 밤의 허허로운 소리들이

나뭇가지들을 휩쓰는 곳으로 가세요.

지저귀는 나이팅게일이
그윽한 음조로 노래를 쏟아내어,
쓸쓸하고, 고요한 계곡에 온통
노랫가락 울려 퍼지는 곳으로 가세요.

가서, 가파른 산 위에 앉아
전망을 두루 바라보세요,
언덕들과 골짝들, 계곡을 휩쓰는 물결,
머나먼 지평선 끝자락.

그리고 머리 위의 드넓은 하늘,
그 고요하고, 깊고 푸른 궁륭,
금빛을 비추는 태양,
진주 빛깔의 구름을 바라보세요.

이 광대한 광경을 응시하노라면
상념들이 멀리 여행을 떠날 거예요,
잽싸게 지나가는 시간의 차를 타고
그 사이에 100년이 흘러가더라도요.

대지가 젊었던 옛날로,
백발의 늙은 족장들이 왕왕
모시는 신에 대한 찬가를 부르고,
그분의 은총을 가르치곤 했던 시절로요.

그들의 눈처럼 하얀 수염,
넉넉한 형태의 예복,
열정의 폭풍을 거의 느끼지 않고,
평화롭고, 부드럽게 흐르듯 살았던 삶을 보겠죠.

그러면 어떤 평온하고, 엄숙한 기쁨이
당신의 깊은 마음속으로 스며들어,
당신의 영혼이 어떤 고요한 기운,
누그러진 평온 같은 것을 느낄 거예요.

후회
Regret

오래전에 나는 "내가 태어난
집"을 떠나고 싶었어요.
오래전에 나는 슬퍼하곤 했죠,
내 집이 무척 쓸쓸해 보였거든요.
예년에는, 그곳의 조용한 방들이
잊히지 않는 공포들로 가득했죠.
이제는, 그 공포의 기억이
아린 눈물 가득 머금고 떠올라요.

내가 알았던 삶과 결혼은
한때는 아주 빛나는 일들이었죠.
이제는, 어찌나 완전하게
빛이 모두 사라져버렸는지!
삶이라는 미지의 바다 한가운데서
축복의 섬 하나 찾지 못한 채,
결국, 그 사납게 날뛰는 파도를 헤치고,
나의 돛단배가 집으로 향하네요.

잘 있어라, 거뭇하게 굽이치는 심연아!
잘 있어라, 이국의 해변아!
열려라, 구름 한 점 없이 펼쳐진,
눈앞의 장려한 지대야!
내가 지루하고, 난처한 바다를
안전하게 지나갔더라도,
한 사랑하는 목소리가, 큰 놀과 강풍을 뚫고,
다시 돌아오라고 나를 불러주면 좋으련만.

영혼의 밝은 아침이
나를 위한 낙원에 떠오르더라도,
윌리엄! 천국의 휴식마저 마다하고
네가 부르는 소리에, 기꺼이 돌아오련만!
그러면 폭풍도 큰 놀도
기뻐 날뛰는 내 영혼을 붙들지 못하련만:
한때 나의 온전한 천국이었던 네 가슴이
다시 나의 천국이 될 테니!

앤 브론테의 죽음에 부쳐
On The Death Of Anne Bronte

나의 삶에는 기쁨이 거의 없고,
무덤 속에는 공포가 거의 없겠지.
내가 죽어서라도 구하고 싶은 너를
배웅하려고 이별의 시간을 살았나 보다.

조용히 약해지는 숨소리를 지켜보며,
한숨을 쉴 때마다 마지막이길 바라고,
안타깝게 사랑하는 그 이목구비에
드리워진 죽음의 그늘, 나에게서

내 삶의 소중한 너와 헤어지게 하는
그 구름, 그 정적을 지켜보다가,
결국 하나님께 진심으로 감사해야겠지,
그분께 적절히 열렬하게 감사해야겠지.

우리가 우리 삶의 희망과 영광을
잃어버려서, 이제, 어둠이 퍼지고,
폭풍우—몰아쳐도, 그 지루한 싸움을

오롯이 견뎌야 한다는 것을 알면서도.

이별
Parting

울어봐야 소용없어요,
우리가 헤어져야 할 운명이라도.
그냥 가슴속의 추억처럼
간직하면 그만이에요.

우리가 내내 품었던 생각을
곱씹으며, 경멸하듯 용감하게
그냥 최악의 짓을 저질러보라고
세상에 말하면 그만이에요.

그런 치행들에도 슬퍼하지 않고
닥치는 대로 그냥 받아들이면,
매일같이 우리에게 집을 그리는
즐거운 웃음이 쌓일 거예요.

친구나 형제를 떠날 때면,
헤어져서 멀리 떨어질 때면,
우리는 지금보다 훨씬 많이

서로에 대해 생각하잖아요.

하늘의 모든 찬란한 광경,
지상의 모든 즐거운 풍경을,
우리를 사랑하고, 죽을 때까지
우리가 사랑할 이들과 연결하잖아요.

저녁에, 우리가 난롯가에
혹시 홀로 앉아 있을 때도,
가슴과 가슴이 만나 온기를 나누고
기분에 기분을 주고받잖아요.

차가운 인간의 손이 만들어서,
우리를 묶는 사슬을 터뜨려버리고,
아무도 감히 우리를 구속하지 못하는
생각 속에서, 우린 다시 만날 수 있어요.

그러니 울어봐야 소용없어요,
발랄한 정신만 계속 간직하면 돼요.
운명이 불행한 현재를 위해
행복한 미래를 품고 있다고 믿고서요!

북부에 대해 들려줄게요!
Speak Of The North! A Lonely Moor

북부에 대해 들려줄게요! 쓸쓸한 황야가
고요히 거뭇하고 황량하게 부풀고,
소란한 실개천의 파도들이 쏟아져서
다급히 고사리 무성한 골짝을 헤쳐가지요.

심오하게 적막한 황혼의 대기에,
활기 없는 풍경이라서, 슬그머니 지나쳐
냇물을 마시려고 몸을 수그리는
사슴이 꼭 유령처럼 느껴질 지경이죠.

그리고 아득히 먼 산악지대에
날려 쌓인 차갑고 하얀 눈벌판이 있고,
커다랗고 은은하고 외로운 별 하나가
조용히 구름 없는 하늘을 밝혀주지요.

저녁의 위안
Evening Solace

인간의 가슴에는 비밀로 간직되고,
침묵으로 봉인되어, 숨겨진 보물들이 있어요 —
생각들, 희망들, 꿈들, 기쁨들이에요,
드러내면 깨지고 마는 마력을 지녔죠.
즐거운 혼란 속에서 날들이 지나가고,
장밋빛 소동 속에서 밤들이 날아가지만,
그 사이에, 명성이나 부의 환상에 빠져,
과거의 추억이 죽어버릴 수도 있어요.

그렇지만, 고독한 명상의 시간이 있어서,
저녁에 고요가 찾아오듯이,
그럴 때면, 날개를 접는 새들처럼 가뿐하게,
마음의 최고 감정들이 집으로 모여들죠.
그러면 우리의 영혼 속에서, 비애와 다른
어떤 여릿한 슬픔이 사그라드는 듯하면서,
한때 비통한 신음을 자아냈던 생각들이 떠올라
그제야 몇 방울 가벼운 눈물이 흐르지요.

그리고 한때 열정처럼 강렬했던 감정들이
아련해진 꿈처럼 떠돌다가 슬며시 돌아오면,
우리의 쓰라린 슬픔과 사나운 기분들이
마치 타인들의 고통스러운 이야기 같지요.
오! 가슴이 막 피를 흘리고 있을 때면,
그 시간이 지속되기를 어찌나 갈망하는지,
세월의 안개를 헤치고 멀어져가는
가슴의 비애는 그저 몽상 속에서 사는 것을!

가물거리는 달빛, 저녁의 어둠과
고독을 곰곰이 생각하노라면,
하늘이 점점 어두워가는 동안에도,
미지의 묘한 고통 따위 느끼지 않고 —
외로운 시간과 어두워진 방이
베푸는 더욱 깊은 충동에 따라,
하늘로 솟구치는 숭고한 생각들에 빠져서,
미래의 삶과 세상을 찾아볼 수 있으련만.

편지

The Letter

그녀가 뭘 쓰고 있죠? 그녀 좀 보세요,

손가락들을 어찌나 빠르게 움직이는지!

발랄한 이마를 수그린 채

어찌나 열렬하게 생각에 잠겨 있는지!

긴 곱슬머리가, 늘어져서, 불빛을 가리자,

그녀가 잽싸게 제쳐놓는데,

그 다급한 손길에, 저 빛나는 크리스털

팔찌가 풀린 줄도 모르나 봐요.

그게 그녀의 비단옷을 타고 흘러내려,

그녀의 발치에 떨어져서 반짝거리네요.

떨어진 줄도 모르나 봐요, 그녀가 계속

자신의 즐거운 일에 몰두하고 있으니까요.

빛나는 아주 아름다운 시간이

저 짙푸른 하늘에 배어들었네요.

저무는 6월의 황금빛 태양도

그녀의 눈길을 사로잡지 못했네요.

싱그러운 잔디밭과 활짝 열린 대문,

저 멀리, 하얀 길도,
헛되이 그녀의 가벼운 발걸음을 기다리네요,
그녀는 오늘 나오지 않으니까요.
그 숙녀의 의자 바로 옆에
열린 유리문 하나가 있는데,
거기서, 이끼 무성한 풀밭 비탈까지,
아래로 대리석 계단이 나 있죠.

밝고 향긋한 꽃이 피는 커다란 식물들이
그 문턱 주변에서 자라는데,
그 이파리와 꽃들이 방에 그늘을 드리워,
저 태양의 짙어가는 붉은빛을 차단하죠.
왜 그녀는 잠시도 그 꽃송이들을
쳐다보지 않을까요, 그 사이사이
하늘에서 장밋빛 저녁 시간이 추는
빛나는 춤을 구경할 수 있을 텐데요?
오 다시 보세요! 변함없이 눈을 고정한 채,
웃음기 없는, 진지하고, 고요한 눈길로,
그녀의 펜과 손가락들이 열렬한 의지의
충동질에 나는 듯이 잽싸게 움직이네요

그녀의 영혼이 그 흥미로운 일에 빠져들었어요.

그런데, 그녀는 누구에게 쓰는 걸까요?
아니에요, 그녀를 더욱 면밀하게 지켜보고,
그녀의 진지한 눈빛에 물어봐야겠어요.
두 눈을 어디로 돌리는 걸까요, 그녀의 펜이
아직 마무리되지 않은 행 위에 있는데요?
거뭇한 안구에 맺혀서 반짝거리던
저 눈물 어린 빛 방울은 왜 떨어졌을까요?
여름-응접실이 너무 어두운 것 같네요,
저 하늘에서 고개를 돌리면,
저 넓은 녹색 공원에서 고개를 돌리면,
거의 아무것도 분간하지 못할 지경으로요.

그런데 희귀한 도자기 더미 너머로,
화분대, 긴 의자와 꽃병 너머로,
마치 허공에 기대어 놓은 듯이, 기울어진
그림 한 점이 눈길을 맞이하네요.
그녀가 돌아본 곳이에요. 당신에겐 안 보이겠지만,
저 널찍한 금빛 액자 테두리 안에
묘사되어있는 신비로운 구름 덩어리 같은
어떤 형체가 분명하게 드러나 있죠.
다시 보면, 그늘에 익숙해진
당신의 눈에도 이제 희미하게나마

건장한 체격에, 큼직한 머리,
확고하고, 단호한 얼굴이 보일 거예요.

스페인인처럼 검은 머리칼, 볕에 그을린 뺨,
높고, 널찍하고, 하얀 이마,
거기에 팬 주름 하나하나가 정신력과
도덕적 힘에 대해 말해주는 듯하죠.
저분이 그녀의 신일까요? 난 말해 줄 수 없어요.
그녀의 눈이 잠시 도드라진
그 그림을 보더니, 거뭇거뭇 흐릿하게
젖은 눈망울을 떨구고 마네요
조금 있으니, 그녀의 힘겨운 일이 끝나고,
동봉된 편지가 놓여 있네요.
그리고 이제야, 저무는 해를 향하여
그녀가 눈물 어린 눈을 돌리네요.

그 눈물이 흘러넘치는 건, 이상하지 않아요,
그 적힌 글을 통해, 그녀의 속마음이
얼마나 낯설고 먼 곳에
머물러 있는지 알 수 있으니까요!
영국의 바닷가에서 보내는
저 편지는 세 개의 바다와

머나먼 거리의 육지를 지나서,

사랑하는 이의 손에 닿아야만 읽힐 수 있죠.

먼 식민지의 야생이, 엄격하지만 사랑스러운

그녀의 남편을 붙들고 있거든요.

그녀가, 저 미소하는 영국의 풍경 속에서,

남편의 귀국을 바라며 눈물을 흘리네요.

겨울 창고
Winter Stores

우리는 삶에서 작은 몫을 분배받으면,
 그것이 고생과 걱정에서 구원받아,
눈물과 슬픔에서 자유로운
 어떤 공간이 될 거라고 말하죠.

어쩌면, 죽음이 활의 시위를 풀고,
 슬픔도 멀찍이 떨어져 있어서,
잠시나마, 우리가 따듯한
 가슴의 햇살을 누릴 수도 있어요.

존재가 여름 저녁처럼, 따듯하고,
 조용하고, 아주 평화로워 보여서,
우리의 자유롭고, 분방한 감정들이
 영혼에 완전히 해방을 선사하죠.

그러면, 영혼이 이내 힘을 얻어서,
 그 즐겁고 신성한 시간에
이 삶에서 가장 성스러운 빛을

두루 퍼뜨리는 생각들을 불러내죠.

그러나 시간은, 보이지 않게 날아가든,
　천천히 가든, 머무르지 않죠.
맑은 하늘이든 흐린 하늘이든, 똑같이
　저만의 고요한 길을 내고 지나가죠.

슬픔의 쓰라린 잔에도 똑같이,
　행복의 술에도 똑같이,
시간은 그저 잠시 당황한 입술이
　입 맞추게 두었다가 떠나버리죠.

그 반짝이는 술이 말라버리고,
　휴식의 시간이 끝나면,
긴급한 목소리가, 우리 주변에서, 말하죠,
"어이, 꾸물대지 말고, 서둘러!"

그렇다면 영혼이 이렇게 짧은
　여유 시간에서 얻은 것이 고작
잠깐의 휴식일까요, 과도한 긴장 속에서
　쫓기는 한순간의 평화일까요?

아니에요, 해가 다정하게 우리를 비추고,
꽃들이 우리의 발 주변에 피는 사이에,
수많은 기쁨의 봉오리가 우리 앞에서
달콤한 꽃잎을 활짝 펼치는 사이에,

보이지 않는 작용이 그 속에서 벌어졌죠.
마치 꿀을 찾는 벌처럼,
꽃에서 꽃으로, 지치지 않고, 날아다니며,
한 기능이 애를 쓰고 있었죠 —

다가올 겨울의 슬픔, 그 어둠과
결핍을 염려하면서,
앞을 내다보는 오늘, 궁핍한 내일이
고요한 기억의 땅을 갈았죠.

모든 일시적인 기쁨에서 영원한 행복을
추출하는 것이 바로 기억이에요.
여름에, 겨울의 음식으로 제공할
보물을 찾는 것이 바로 기억이에요.

그래서 청춘의 여름날이 사라지고,
노년이 겨울의 압박을 동반할 때,

비축용 과자들로 다시 채워진 겨울 창고들이
삶의 저녁 시간들을 지켜줄 거예요.

에밀리 브론테

Emily Jane Brontë, 1818.7.30~1848.12.19

에밀리 브론테는 1818년 7월 30일에 요크셔의 손튼에서 태어나, 언니 샬럿과 비슷한 교육을 받고 잠시 교사로 일했다. 그녀는 1844년부터 남몰래 써온 시들을 두 권의 공책에 나누어 깔끔하게 필사했는데, 1845년 가을 어느 날에 언니 샬럿이 그 공책들을 우연히 발견하고, 막내 앤도 은밀히 써온 작품들을 공개하면서, 1846년에 세 자매의 공동시집『커러, 엘리스와 액튼 벨의 시집』이 출간되었다. 그리고 1년 후인 1847년에 에밀리 브론테의 소설『폭풍의 언덕』이 세상에 나왔다. 세 자매의 시집은 그저 그런 시집이라는 평에 두 권밖에 팔리지 않았고,『폭풍의 언덕』 또한 비윤리적인 작품이라는 혹평을 들었다. 평범함을 거부하고 윤리적인 삶의 한계들을 뛰어넘어 보다 완전하고 자유로운 정신세계를 갈구하고 갈망하는『폭풍의 언덕』— 그런 바람과 욕구들은 에밀리의 여러 시에도 깊이 배어 있는데 그것은 결코 우연이 아닐 것이다. 1848년 9월에 폐렴으로 사망한 오빠의 장례식 때 걸린 감기가 폐렴으로 악화했는데도 에밀리 브론테는 의학적인 도움을 거부한 채 1848년 12월 19일 오후 2시경에 30년 짧은 인생을 마감하였다.

기억
Remembrance

흙 속에서 — 당신을 덮은 깊은 눈 속에서 차가운,
아득히, 아득히 떨어진 황량한 무덤 속에서 차가운!
나의 유일한 사랑, 당신을 사랑하는 법을 잊었을까요
모든 것을 닳게 하는 시간의 파도에 끝내 갈라져서요?

이제, 홀로 남은, 내 생각들도 더는 떠돌지 않을까요
저 산들을 넘어서, 그 북부의 해변에,
히스와 고사리-이파리들이 당신의 고귀한 가슴을
영원히, 영구히 휘덮는 그곳에서 날개를 접은 채?

흙 속에서 차갑게, 열다섯 번의 사나운 십이월이
저 갈색 언덕들에서 녹아 봄으로 바뀌었건만 —
그리 많은 변화와 고통의 세월이 흘러갔건만
기억하는 마음은 정말 충실하기도 하네요!

청춘의 다정한 사랑이여, 세상 물결이 나를 싣고
떠가는 사이에 당신을 잊는대도 용서하시기를.
다른 욕망 다른 희망들이 나를 따라다니며

잊게 한대도 당신께는 해롭지 않을 희망들이니.

당신이 떠난 후로 내 하늘을 밝힌 빛 하나 없었고,
또 다른 아침이 나를 위해 밝은 적도 없었어요.
내 삶의 모든 축복을 당신의 귀한 생명에서 받았고
내 삶의 모든 축복이 당신과 함께 무덤에 묻혔으니.

하지만 그 금빛 꿈같은 나날이 사라져버리고
절망마저 무력해져서 파괴력을 잃고 말았을 때,
그제야 나는 배웠어요, 기쁨의 도움 없이도
존재를 간직한 채 힘내어 연명해 가는 법을요.

그제야 나는 부질없는 열정의 눈물을 억누르고
당신을 갈망하는 나의 어린 영혼을 떼어 놓았죠.
당장 내 몸보다 소중한 저 무덤으로 성급히
내려가고픈 불타는 소망을 단호히 물리쳤어요!

그런데 아직도 그 마음을 차마 시들게 두지 못하고
추억의 황홀한 고통에 빠져들지도 못하네요.
이미 그 성스러운 고통을 깊이 들이마셨는데,
어찌 내가 텅 빈 세상 다시 찾을 수 있겠어요?

상상력에게
To Imagination

긴 낮의 근심에, 고통에서 고통으로
이어지는 속세의 변화에 지쳐서,
길을 잃고 막 절망하려는 순간에,
너의 다정한 목소리가 다시 나를 부른다.
오, 나의 진실한 벗! 나는 혼자가 아니다,
네가 그리 정다운 어조로 말을 거는 한!

바깥세상이 너무나 절망적이라서
안세상이 내게는 두 배로 소중하다.
기만과 증오와 의심과 차가운
의혹이 절대 일지 않는 너의 세상,
너와 나와 자유가
주도권 다툼 없이 지내 온 그곳이.

온 사방에 위험과 죄와 어둠이
깔려 있다고 한들 무슨 상관이랴?
우리 가슴의 영토 안에
겨울날 모르는 태양의 수만 광선이

어우러져서 따뜻한, 밝고 고요한
하늘을 품고 있으면 그만인 것을.

이성이, 필시, 자연의 슬픈 현실을
호소하며, 괴로운 가슴에게
가슴이 품은 꿈들은 언제나
너무 헛되고 헛되다 가르치고,
진리도 새로 피어난 공상의
꽃들을 무참히 짓밟고는 하겠지만.

너는 늘 그 자리에서, 떠다니는
환상을 다시 데려오고, 이운 봄에
새로운 장관의 숨결을 불어 넣어
죽음에서 더 사랑스러운 생명을 불러내며,
성스러운 목소리로, 너처럼 빛나는
참세상 이야기를 속닥속닥 들려주나니.

너의 유령 행복에 기대는 건 아니지만,
그래도, 저녁의 고요한 시간이면,
무진장 감사하는 마음으로
나는 너를 반기나니, 자비로운 힘,
인간 근심의 든든한 위로자요,

희망이 절망할 때 더욱 상냥한 희망이여!

희망
Hope

희망은 소심한 친구일 뿐이었어요.
희망은 쇠창살 굴 밖에 앉아서
이기적인 가슴의 사람들처럼
내 운명의 향방을 구경하고 있었죠.

희망은 두려우면 잔인했어요.
어느 울적한 날 그 창살 사이로
굴 밖의 희망을 내다보았는데,
그녀는 얼굴을 돌려버렸죠!

부실한 문지기처럼, 허술히 지키면서,
다툼이 일면, 늘 평화를 속삭였죠.
내가 울면 희망은 노래했고,
내가 들으면, 희망은 멈추었죠.

희망은 부실하면서도, 무자비했어요.
나의 마지막 기쁨들이 땅에 흩뿌려지자,
슬픔마저 사방에 흩어진

그 슬픈 잔재들을 보며 안타까워했죠.

희망, 그 속삭임만으로도 향유처럼
미칠듯한 나의 고통을 진정시켜줬으련만,
희망은 날개를 펼치고 하늘로 날아올라
떠나버렸고, 다시는 돌아오지 않았죠!

밤바람
The Night-Wind

여름의 감미로운 한밤에
구름 한 점 없는 달이
열린 거실 창문으로 비치고
장미 나무는 이슬에 젖어 있었어요.

앉아서 묵상하고 있는데,
따스한 바람이 내 머리칼을
흔들며 말했죠, 하늘은
찬란하고 잠든 대지는 곱다고.

나에게 그런 생각을 불어오는
바람의 숨결 따위 필요 없었지만,
바람이 계속 나직이 속삭였죠,
"숲이 아주 캄캄해질 거야!

우거진 잎들이 나의 속삭임에
꿈처럼 바스락거리겠지,
잎들의 무수한 소리에 온통

혼이 배어 있는 듯이."

내가 말했어요, "가, 상냥한 노래꾼,
네 구애의 소리는 다정하지만,
그 음악이 내 마음에 닿을 만큼
위력적이라고 생각지는 마.

향긋한 꽃, 어린나무의
나긋한 가지랑 놀아,
나의 인간 감정들은 그냥
제 갈 길로 흘러가게 두고."

방랑자가 내 말에 아랑곳없이
더욱 따스한 키스를 퍼붓더군요.
"오 설마!" 아주 달콤히 살랑댔죠
"네 고집을 꺾어놓고 말겠어.

어릴 적부터 우린 친구였잖아?
내가 널 오랫동안 사랑했잖아?
너도 고요가 나의 노래를 깨우는
엄숙한 밤을 내내 좋아했잖아.

게다가 너의 가슴이 교회 지하 —
측랑 비석 밑에서 쉴 무렵이면,
나에겐 슬퍼할 시간이, 너에겐
혼자 있을 시간이 충분할 거야."

별
Stars

아! 눈 부신 태양이 우리 대지에
기쁨을 되찾아 주었다고, 왜
너희가 하나둘 모두 떠나서
황량한 하늘만 남았나?

밤새도록, 너희의 거룩한 눈들이
내 눈을 내려다보고,
벅찬 가슴 감사의 한숨으로
나는 그 신성한 불침번을 찬미했는데!

나는 평화로이, 너희의 빛살을
마치 내 목숨인 양 들이켜고
나의 변화무쌍한 꿈속에서
바다에 뜬 바다제비처럼 기뻐했는데.

별이 별을 따라 무한우주 헤쳐가듯
생각이 생각을 따르다가,
한 달콤한 감응이, 가까이서 멀리서,

전율하며 스며들어 우린 한 몸이 되었는데.

왜 아침 여명은 그리 멋지고
그리도 순수한 주문呪文을 깨뜨려,
너희의 시원한 광선이 머물던
평온한 뺨을 불꽃으로 태웠나?

핏빛 붉은 해가 솟아, 화살처럼 곧은
모진 광선들로 내 눈썹을 쳤다.
자연의 영혼은 의기양양 솟구쳤지만,
내 영혼은 슬프게 나직이 가라앉았다!

눈꺼풀을 내리 닫았지만, 그 덮개 사이로
하염없이 불타는 해가 보였다
안개 낀 골짝을 금빛으로 물들이고
언덕에 확 불을 지피는 해가.

이내 나는 베개로 몸을 돌렸다
밤을 다시 불러, 장엄한 빛의
너희 세상이, 다시 내 가슴
내 몸처럼 두근대는 모습을 보고파서!

그러지 못했다 — 베개가 달아올랐고
지붕도 마루도 달아올랐다,
새들이 숲에서 야단스레 노래하고
기운찬 바람이 문을 뒤흔들었다.

커튼이 물결쳐서, 깨어난 파리들이
내 방 여기저기서 웅웅대는 통에,
그대로 갇혀있다가, 일어나서 놈들에게
방을 내주고 배회할 수밖에 없었다.

오 별들아 꿈들아 고결한 밤아,
오 밤아 별들아, 돌아와라!
저 적의의 빛으로부터 나를 가려다오
따듯이 품지 않고, 그저 태워서 —

괴로운 사람들의 핏기를 없애버리고,
이슬 대신 눈물을 마시는 빛으로부터.
그 태양의 눈 부신 치세 내내 잠들었다가,
너희와 함께 깨어나게만 해다오!

과거, 현재, 미래
Past, Present, Future

말해보렴, 말해보렴, 미소하는 아이야,
  너에게 과거는 뭘 닮았니?
"바람이 쓸쓸하게 속삭이는
  조용하고 따듯한 가을 저녁이요."

말해보렴, 현재의 시간은 뭐니?
  "어린 새가 앉아서
날아갈 준비를 하며 힘을 그러모으는
  꽃 핀 녹색 나뭇가지요."

그럼, 행복한 아이야, 미래는 뭐니?
  "구름 없는 햇살 아래 바다요.
영원까지 뻗쳐있는
  거대하고 거룩하고 눈부신 바다요."

연인이 기타에게
The Lady To Her Guitar

너의 기묘한 줄을 튕겼던 사람을
  이 가슴이 잊은 지 오래인데,
낡은 기타야 — 왜 너는 이 슬픈 마음에
  숱한 감정들을 불러일으키니?

마치 따듯한 햇살이 어느 깊은 골짝에
  남아서 머뭇거리고 있는 것 같아,
이미 폭풍 구름, 아니 밤의 그늘이
  그 어버이의 눈을 다 감싸버렸는데도.

마치 유리 같은 냇물이 곱다란 버드나무의
  영상을 여전히 비추고 있는 것 같아,
벌써 수년 전에 나무꾼의 도끼질에
  그 나무요정-머리칼이 흙 속에 묻혔는데도.

그런데도, 기타야, 너의 마법 같은 선율이
  눈물을 부르고 한숨을 일깨웠구나.
옛날의 여울을 들끓게 하였구나,

그 물의 원천이 다 말라버렸는데도.

자, 같이 걸어요
Come, Walk With Me

자, 같이 걸어요
지금 내 영혼을 축복해 줄 분은
오로지 당신뿐이에요 —
겨울밤이면 둘이 눈을 맞으며
즐겨 돌아다니고는 했는데,
옛 기쁨들을 졸라서 돌이킬 수 없을까요?
구름은 거뭇하게 사납게 몰아쳐서
우리의 산꼭대기를 그늘로 점점이 물들이고
예전과 똑같이
수평선에 을씨년스럽게
겹겹이 쌓여 쉬는데,
달빛이 휙 하도 빠르게 날아가 버려서
미소 지었다는 말도 못 하겠네요 —

자 같이 걸어요, 나랑 함께 걸어요.
예전엔 참 많았는데
죽음이 우리 동무들을 앗아가 버렸죠,
햇빛이 이슬을 훔쳐 가듯이 —

죽음이 동무들을 하나둘 앗아가
이제 우리 둘만 남았네요.
그래서 더 정에 얽매이나 봐요
당신밖에는 나눌 사람이 없으니까요 —
"아니, 날 부르지 마오 — 설마
인간의 사랑이 그리 진실할까?
우정의 꽃이 가는 세월에 시들었다가
새로이 되살아날 수 있소?
천만에, 흙이 눈물에 젖어서,
아무리 고운 꽃을 피운들
생명의 수액은 한번 마르면
다시는 흐르지 않는 법이오.
저 두려운 거처, 죽은 이들의
비좁은 지하 감옥보다도 확실하게
시간이 사람의 가슴들을 갈라놓나니 —"

죄수: 단편
The Prisoner: A Fragment

나는 지하 비밀감옥으로 태연하게 들어섰지,

거기서 여위어 가는 목숨들에 개의치 않고서.

"저 묵직한 빗장을 당겨 문을 열어라, 엄한 간수야!"

그는 감히 내 말을 거절하지 못했지 — 경첩들이 사납게 돌아가더군.

"우리 손님들이 어둠 속에서 묵고 계시는군," 내가 속삭이며, 감옥을

응시했지. 쇠창살 구멍으로 푸르기보다는 잿빛에 가까운 하늘이 보이더군.

(바야흐로 기쁜 봄이 깨어나서 자랑스럽게 홍소하는 시절이었지.)

"예, 어둠 속에서 충분히 묵었지요!" 샐쭉한 안내자가 맞장구쳤지.

그래? 신이시여 나의 젊음을 용서하소서, 경솔한 혀를 용서하소서!

내가 조롱하자, 차가운 사슬이 축축한 판석에 부딪혀

울리더군.

"삼중 벽에 갇혀있으니, 너도 참 많이 무섭겠지?

그러니까 너를 묶어 족쇄를 여기에 단단히 붙들어 맬 수밖에."

포로 여인이 얼굴을 들더군. 조각된 대리석 성상,

아니 잠든 젖먹이 아기처럼 보드랍고 온순한 얼굴이었지.

참 보드랍고 온순한 얼굴, 참 예쁘고 고운 얼굴이었어.

고통도 주름 하나, 슬픔도 그림자 하나 못 드리운 얼굴!

포로 여인이 손을 들더니 자신의 이마를 짚었지.

"내내 두들겨 맞아서," 그녀가 말하더군, "지금도 앓고 있지만,

당신네 튼튼한 빗장도 차꼬도 다 소용없는 짓거리요.

강철을 불려서 만든들, 나를 오래 붙들어 두진 못할 테니까."

험상궂은 간수가 쉰 소리로 낄낄거렸지. "그런 말에 넘어갈 줄 알아?

미련하게 꿈만 꾸는 년, 내가 네년의 기도를 들어줄 것 같아?

차라리, 신음으로 우리 주인님의 가슴을 녹여 보시지 그래?

아하, 태양이 이 단단한 쑥돌들을 녹이는 것이 더 빠르겠다!

주인님은 목소리도 나직하고, 얼굴도 온후하며 다정하시지,

하지만 아주 단단한 부싯돌처럼 튼실한 영혼을 품고 계셔.

나야 거칠고 무뚝뚝할 뿐, 내 몸을 집 삼아 숨어 있는 유령을 바라다볼 정도로 우악스러운 사내는 아니야!"

여인의 입술 주위로 거의 경멸의 미소가 맴돌더군.

"이봐," 그녀가 점잖게 말했지, "내 신음 한번 못 들었잖아.

당신이 내 친척들의 목숨, 잃어버린 내 인생을 되찾아 준다면,

한번 울며 간청해 보지 — 그러기 전에는, 친구, 어림도 없네!

아무렴, 나의 폭군들한테 알리시지. 올해도 내년에도 내가 어둠 속에서, 황량한 절망 속에서 닳고 닳을 줄

아나?

희망의 사자가 밤마다 나에게 찾아와서,

짧은 인생 대신, 영원한 자유를 권하고 있다고.

그분은 서쪽 바람과 저녁의 배회하는 산들바람과, 가득한

별들을 데려오는 하늘의 저 청아한 황혼과 함께 오시지.

바람이 구슬피 속삭이고, 별들이 은은한 불꽃을 머금으면,

환영들이 일어나, 변신을 거듭하다가, 욕망으로 나를 죽이지 —

내가 한층 성숙했던 시절에도 전혀 몰랐던 욕망으로 말이야.

기쁨이 훗날 흘릴 눈물을 세다가, 두려움에 미쳐버린 시절,

내 정신의 하늘이 따뜻한 불꽃으로 가득 차서, 해로부턴지

뇌우로부터인지, 눈물이 어디서 나오는지 몰랐던 시절에도 말이야.

하지만 일단 숨죽인 평화 — 소리 없는 고요가 내리면,
고통스러운 싸움도, 격렬한 조바심도 사라지고,
무언의 음악이 내 가슴을 달래주지 — 대지가 내 눈앞에서
사라질 때까지는, 꿈꿔 볼 수도 없는 무언의 화성이 말이야.

이윽고 영계가 떠올라, 미지 세계가 진실을 드러내면,
나의 육체적 감각이 사라지고, 내적 본질이 느끼기 시작하지 —
그것의 날개는 아주 자유로워, 그것이 찾아낸 집도, 항구도.
그 심연을 살펴보다, 몸을 굽혀서 최후의 경계를 대담하게 훌쩍!

오 느닷없는 두려운 제지 — 귀가 들리기 시작하고
눈이 보이기 시작하는, 맥박이 뛰기 시작하고
뇌가 다시 생각하는, 영혼이 육체를 느끼고
육신이 사슬을 느끼는 순간의 강렬한 고통이여!

그래도 아픔을 잊고 싶지 않고, 고문을 덜 받고 싶지

도 않아.

　고통이 괴롭힐수록 축복의 시간이 더 가까워질 테니까.
지옥의 불꽃 옷을 입든, 천국의 빛으로 반짝거리든,
사자 죽음이라면, 거룩한 환영일 테니까."

　여인이 말을 멈췄고, 우리는 대꾸 없이 가려고 돌아섰지 —
그 포로에게 더 이상의 고통을 안길 여력이 없었거든.
여인의 뺨, 반짝거리는 눈이 단언하고 있었지, 사람이 승인 없이 내린 선고를, 하늘이 번복시켜버렸노라고.

제 영혼은 겁쟁이가 아닙니다

No Coward Soul Is Mine*

제 영혼은 겁쟁이가 아닙니다,
세상의 폭풍우 거친 영토에서 바들대는 이가 아닙니다.
밝게 빛나는 하늘의 광영을 보면
믿음도 똑같이 빛나서, 공포로부터 저를 무장시키니까요.

오, 저의 가슴속에 계신 하나님,
전능하고 항존하는 신이시여!
불멸의 생명, 당신 안에서
제가 힘을 얻듯, 제 안에서 안식하는 생명이시여!

사람들의 마음을 뒤흔드는
수천의 교의도 다 헛됩니다, 철저히 헛됩니다.
시든 잡초처럼, 무한대해 한가운데 떠 있는
하찮은 거품처럼 하잘것없습니다.

---

* 샬럿 브론테에 따르면, 에밀리 브론테의 마지막 작품이다. 에밀리 디킨슨의 애송시로, 유언에 따라, 그녀의 장례식에서 낭송되었다고 전해진다.

무한한 당신을 아주 단단히 붙들어
그 불멸의 견고한 바위에 아주 든든히
닻을 내린 자의 마음에서도
의심이 눈뜨니까요.

널리 얼싸안는 사랑으로
당신의 성령은 영원한 시간에 생기를 불어넣고
두루 미치고 품어주며
변화시키고 떠받치고 해체하고 창조하고 길러줍니다.

지구와 인간이 사라지고
태양과 우주도 없어져서
당신 홀로 남는다고 해도
모든 존재가 당신 안에서 살아 있을 것입니다.

죽음이 설 장소는 없습니다,
그는 무無에서 원자 하나 만들어 내지 못하니까요.
당신만이 존재요 생명입니다
당신의 본질은 절대 파괴되지 않으니까요.

앤 브론테

(Anne Brontë, 1820.1.17.-1849.5.28.)

필명이 액턴 벨인 앤 브론테는 1820년 1월 17일에 잉글랜드 북부 요크셔주의 손턴에서 성공회 사제 패트릭 브론테와 마리아 브란웰의 6남매 중 막내딸로 태어났다. 위로 언니 마리아, 엘리자베스, 샬럿, 에밀리와 오빠 브란웰이 있었다. 앤은 언니 샬럿이 교사로 있던 로헤드 학교에서 공부한 후에, 여러 곳에서 가정교사로 일했다. 그녀는 1846년에 샬럿, 에밀리와 함께 낸 공동시집 『커러, 엘리스, 액턴 벨의 시집』에 21편의 시를 발표하고, 1847년에 여자 가정교사로서의 체험을 바탕으로 쓴 소설 『아그네스 그레이』를 출간했으며 1848년에 소설 『와일드펠 홀의 소유주』를 냈다. 앤의 소설들은 흔히 샬럿과 에밀리 브론테의 필력에 못 미치는 작품들로 평가되지만, 『제인 에어』와 『폭풍의 언덕』보다 뛰어난 작품이 과연 몇이나 될까. 1848년 9월에 브란웰 오빠를 잃고, 12월에 에밀리 언니를 연달아 잃은 앤 브론테도 폐결핵에 걸려서 1849년 5월에 29세의 젊은 나이에 숨을 거두었다.

바람 부는 날 어느 숲에서 지은 시
Lines Composed in a Wood on a Windy day

내 영혼이 깨어나고, 내 정신이 솟구쳐
  산들바람의 날개 타고 드높이 부상한다.
내 위와 주변에서 사나운 바람이 포효하니,
  땅과 바다도 깨어나 황홀경에 빠진다.

오래전에 시든 풀이 햇살 속에서 빛나고,
  헐벗은 나무들이 높은 가지들을 뒤흔든다.
죽은 잎들이, 그 밑에서, 즐겁게 춤추고,
  하얀 구름이 푸른 하늘 가로질러 질주한다.

바다가 파도들의 거품을 후려쳐서 소용돌이치는
  물보라를 피우는 모습을 보았으면,
오늘, 그 부푼 파도들이 충돌하는 모습을 보며,
  천둥처럼 사나운 포효 소리도 들었으면!

오, 그들이 희망을 앗아갔어요
Oh, They Have Robbed Me Of the Hope

오, 내 마음이 몹시 아끼던
희망을 그들이 앗아갔어요.
내 영혼이 즐거이 듣고 싶은
그 목소리도 못 듣게 하네요.

내가 정말 즐거이 보고 싶은
그 얼굴도 못 보게 하네요.
그들이 당신의 모든 미소와
모든 사랑을 내게서 앗아갔어요.

뭐, 원한다면 다 빼앗아가라죠: ―
한 가지 보물은 여전히 내 것이니까요. ―
기쁘게 당신을 떠올리며
당신의 소중함을 절감하는 가슴만은요.

사로잡힌 비둘기
The Captive Dove

불쌍하고 불안한 비둘기, 가엾구나.
너의 애처로운 신음을 들을 때면
너의 포로 신세가 안타까워,
너의 고뇌에 빠져서 내 괴로움을 잊는구나.

네가 서서 날아갈 태세를 취하고
그 쓸모없는 날개들을 퍼덕이며
먼 하늘을 응시하는 모습을 보면,
나보다 냉혹한 가슴도 녹아내리련만.

소용없다 — 소용없어! 넌 떠오르지 못한다.
네 감옥의 지붕이 너를 그곳에 가두고,
그 가느다란 철망들이 너의 눈을 속여서
절망으로 너의 갈망들을 꺼버리고 마나니.

오, 너는 해 밝은 초원과 그늘진 숲에서
자유롭게 배회하고, 굽이치는 바다 너머
아득히 머나먼 지역들에서, 마음껏

돌아다닐 운명을 타고났건만!

그래도, 너의 풀죽은 작은 가슴을
위로해주고, 너의 포로 신세를 너랑
함께 나눌 다정한 벗이라도 있다면,
거기서도 네가 행복할 수 있으련만.

그래, 거기서도, 귀를 기울인 채,
곁을 지키는 충실하고 소중한
동무의 말똥말똥한 눈을 바라보노라면,
네가 태어난 숲마저 잊을 수 있으련만.

그런데 가엾고 고독한 비둘기, 너는
듣는 이도 없이, 쓸쓸히 슬퍼해야 하고,
자연이 사랑하라고 만들어준 네 가슴도
쓸쓸히, 홀로, 갈망할 수밖에 없구나.

애원
Appeal

오, 나는 너무 지쳤어요
이젠 눈물도 흐르지 않네요.
내 눈은 우느라 지치고,
내 가슴은 고통에 질렸어요.

내 삶이 너무 외로워요,
하루하루가 침울하게 지나가죠.
이젠 푸념하는 것도 지겨운데,
당신이 내게 와주지 않을래요?

오, 매일 매일, 당신을 그리는
내 마음, 번번이 좌절된
나의 소망들을 안다면,
당신이 이렇게 지체하지 않으련만!

정자
The Arbour

나는 이 나무 그늘 은신처에서 쉬며,
곁에 아주 빽빽이 무리 지어 서 있는
나무들 사이로 나에게 미소하는
맑고 푸른 하늘을 바라볼래요.

그 녹색의 반질반질한 이파리들이
모두 햇살에 곱게 반짝이는 모습을 보며,
바스락바스락 대기로 아주 부드럽게
속삭이는 나뭇가지들의 소리를 들을래요.

그러면 내 귀가 그 소리를 들이켜는 사이에,
나의 날개 달린 영혼이 날아가서
오래전에 떠나버린 한 해 한 해를
어느 따듯하고 밝은 가을날처럼 되새기고

비상해서 미래의 풍경들로 날아가겠죠,
녹색의 언덕들과 숲들과 계곡들처럼,
모두 여름 태양의 빛에 젖어서

아득히 고요히, 아련히 보이는 데로요.

오, 들어봐요! 바스락거리는 나무들을
부드럽게 흔드는 여름의 숨결이에요 —
그런데 보세요! 눈이 땅에 쌓여 있네요 —
어떻게 이런 장면들을 떠올릴 수 있을까요?

하지만 공기를 맑게 하고, 하늘을 저토록 사랑스러운
파란색으로 칠하는 것이 바로 서리예요.
거무스름한 색조의 상록수들이
겨울의 햇살 속에서 미소하고 있네요.

그런데 겨울의 냉기가 내 가슴을 덮쳤어요 —
어찌하면 미래의 행복을 꿈꿀 수 있을까요?
어찌하면 내 영혼이 날아갈 수 있을까요,
사슬에 묶인 듯이 이렇게 갇혀버렸는데요?

블루벨
The Bluebell*

모든 작은 꽃 속에
섬세하고 예민한 영혼이 살며,
저마다 강하거나 약하게
특유의 향긋한 기운을 풍기지요

모든 야생 블루벨에는
고요한 웅변이 배어 있어서
연약한 내 가슴을 형언할 수 없는
행복으로 가득 채우지요.

그런데 얼마 전 어느 밝고
화창한 날이 기억나네요,
내가 아주 머나먼 곳에서
힘들게 살고 있을 때였어요.

그날 어느 해 밝은 길을 따라
미소하는 꽃들이 다채로운 색조를

* 종 모양의 남빛 꽃이 피는 풀.

뽐내는 두 냇둑 사이에서
아무 생각 없이 배회하고 있었어요.

앞에는 높은 언덕이 솟아있고,
뒤에는 바다가 펼쳐져 있었죠,
그때 내 마음은 여느 때와 달리
그리 무겁지 않았어요.

다른 때보다는 덜 괴로워서
그 풍경도 고와 보였어요,
그래서 아무 걱정도 없는 양
주변 생물들에게 말을 걸며 웃었죠.

그런데 냇둑을 바라보는 순간
배회하던 내 눈길이 무심코
흔들리는 작은 꽃송이에 쏠렸어요,
한 송이 앙증맞은 블루벨이었어요.

어째서 내 목에서 그런 소리가 솟구치고,
내 눈이 그리 몽롱해졌을까요?
왜 그 불타는 눈물이 방울져 나오고 —
그 쓰라린 감정들이 북받쳤을까요?

오, 그 외로운 꽃이 나의 행복했던
어린 시절의 시간들을 떠오르게 했어요
블루벨이 요정의 선물처럼
아주 소중한 꽃 같았던 시절

마음과 영혼이 자유로웠고,
나를 사랑하고 아껴준
다정한 가슴들과 함께 살았던
그 밝고 즐거웠던 시절을요.

그때는 무정한 사람들 틈에서
불안한 고생과 분투로
남들의 행복을 탐하며
감사하지 않는 삶을 살지 않았는데.

"슬픈 방랑자야, 아무리 울어도
그 행복한 시절은 돌아오지 않는다!"
그 사랑스러운 꽃들이 말하는 듯해서,
나도 모르게 한탄한 것이었어요.

은거
Retirement

오, 잠시만 혼자 있게 해줘요,
사람이 얼씬 못 하게 하고요.
큰소리로 노래하고 사색하게 해줘요,
사람 귀가 엿듣지 못하게요.

가라! 너희 지상 행복의 꿈들아,
너희 지상의 근심들도 사라져라.
떠나라! 너희 불안하게 떠도는 생각들아,
나 좀 혼자 있게 해다오!

한 시간만, 내 영혼아, 네 날개를 펼치고,
이 기쁨 없는 땅을 떠나,
하늘의 햇살 속에서 몸을 녹이며,
하나님과 단둘이 있게 해다오!

밤
Night

나는 밤의 고요한 시간을 좋아해요,
행복한 꿈들이 되살아나서,
나의 깨어 있는 눈이 누리지 못하는 것들을
나의 매료된 시계視界에 드러내니까요.

또 밤에는 죽음이 오래전에 침묵시킨
어떤 목소리가 내 귀에 와 닿고,
고독과 고뇌 대신
희망과 황홀이 생겨날 수도 있어요.

보기만 해도 행복했던 사람이
오랫동안 무덤 속에 차갑게 누워있었는데,
오로지 꿈만이 소중한 그이를
내게 다시 데려다줄 수 있으니까요.

추억
A Reminiscence

네, 당신은 떠났어요! 그래서 다시는
당신의 밝은 미소가 나를 기쁘게 해주지 못하겠죠.
그러나 나는 그 오래된 교회 문을 지나서,
당신을 덮고 있는 마루를 서성이겠죠.

그 차갑고, 축축한 돌 위에 서서,
내가 내내 알았고 훗날에도 알게 될
가장 밝은 가슴, 가장 다정한 가슴이
그 밑에, 얼어붙어, 누워있다고 생각하겠지요.

내가 당신을 더는 볼 수 없지만, 그래도,
보았다는 것이 여전히 위안이고,
당신의 덧없는 삶은 끝나버렸지만,
당신이 있었다고 생각하니 즐거워요.

천사처럼 아주 고운 몸속에 있는
당신의 가슴에 합체된
너무나 성스러운 영혼을 생각하면,

우리의 초라한 영역이 환해지곤 했으니까요.

꿈
Dreams

쓸쓸한 침상에 누워있어도,
거의 혼자라고 느껴지지는 않아요,
공상이 저만의 광경과 기쁨들로
꿈꾸는 내 눈을 가득 채우니까요.

그럴 때면 곱고 사랑스러운
아기의 몸을 내 가슴에 품은 듯이,
엄마처럼 애틋하게 돌보며
미소하고 달래서 쉬게 하지요.

그렇게 내게만 의지하는 무력한 몸을
만지노라면 어찌나 사랑스러운지!
아기를 안전하고 따뜻하게 품고서
내 아기라고 생각하면 어찌나 행복한지!

그러다가 햇빛도 내게 보여준 적 없는
반짝이는 눈길이 내 눈을 반길 때면,
그 열렬한 사랑의 눈빛을 보고,

내 손을 아주 다정히 쥐는 손길을 느끼며

마침내 내가 사랑받는다는 것을 깨닫고,
내 가슴도 휴식을 찾아서,
나의 고독한 삶이 끝났다는 생각에,
어찌나 황홀하게 내 가슴 속이 차오르는지!

하지만 그러다가 깨어나 그 행복한 꿈이
파괴되어 날아가 버린 것을 깨닫고,
홀로, 사랑받지 못하는 나를 발견하면,
그 음울한 공허감을 어찌 형언할 수 있겠어요?

따뜻한 애정이 흐르는 가슴을,
창조주여, 당신이 나에게 주셨는데,
오로지 그렇게만 사랑의 기쁨들이
얼마나 달콤한지 알아야겠습니까?

위안
Consolation

이 숲은 으스스하고 축축한 땅에
낙엽이 아주 두껍게 깔리고,
주위를 맴돌며 사납게 울적하게
신음하는 바람도 차갑지만

그 겨울 폭풍으로부터 나를 보호해줄
따듯한 지붕이 있다는 것을,
붉게 달아올라 내내 방황한 나를 위로해줄
화로가 있다는 것을 알아요.

그래서, 내가 배회하는 곳마다 여전히
차갑고 낯선 눈길들이 내 눈을 맞지만,
내 마음이 비애에 잠겨서 무심코
한숨을 쉬어도 못 들은 척하지만

너무 오랫동안 견딘 고독 때문에
청춘의 기쁨들이 너무 쉽게 스러져,
명랑하게 웃는 것마저 낯설어서

나의 한낮을 잔뜩 흐리게 하지만

다정한 생각들이 길을 내서
낙담한 내 가슴으로 다시 흘러들 때면,
멀리 떨어져 있지만, 가슴과 영혼이
쉴 만한 집이 있다는 것을 깨달아요.

거기 가면 따듯한 손들이 내 손을 꼭 쥔 채,
더 따뜻한 가슴으로 품어주고, 그사이에
미소하는 입술과 진지한 눈 속에서
명랑과 진심과 우정이 반짝거리겠지요.

내 가슴을 옥죄며 쌓여가는 얼음이
거기 가면 녹아서, 지금 떠나가는
청춘의 기쁨들도 돌아와서 달콤하게
다시 내 영혼을 북돋아 주겠지요.

내가 멀리 배회하더라도, 이 생각이
모든 곳에서 나의 희망, 나의 위안이 되어,
그런 집이 나에게 남아 있는 한
내 가슴은 결코 절망을 모를 거예요.

조지 엘리엇

George Eliot, 1819.11.22~1880.12.22

조지 엘리엇이라는 필명을 쓴 메리 앤 에번스(Mary Ann Evans)는 1819년 11월 22일에 영국 워릭셔 주의 넌이턴에서 태어났다. 엄격한 복음주의 가정에서 종교적 영향을 받으며 어린 시절을 보낸 그녀는 폭넓은 독서와 실증주의 철학을 체득하면서 정통 그리스교와 결별한다. 그녀는 1851년에 철학자이자 비평가 조지 헨리 루이스를 만나 사랑에 빠지고 1854년부터 동거했는데, 루이스는 부부간의 사회적·성적 독립을 인정하는 개방결혼 상태이긴 했으나, 아내와 여러 자녀가 있는 유부남이었다. 그렇지만 그녀는 죽을 때까지 메리 앤 에번스 루이스라는 이름을 쓰며 자신이 루이스의 아내임을 감추지 않았다. 루이스의 격려와 자극에 힘입어 1857년에 단편소설 「아모스 바튼 목사의 비운」을 잡지에 발표하여 큰 성공을 거둔 조지 엘리엇은 첫 장편소설 『아담 비드』(1859), 『플로스강의 물방앗간』(1860), 『사일러스 마너』(1861), 『로몰라』(1862-63), 『급진주의자 펠릭스 홀트』(1866), 『미들 마치』(1871-72)와 『다니엘 데론다』(1876)를 발표하며 영국의 대표적인 소설가로 성장하였다. 그녀는 포이어바흐의 『기독교의 본질』과 스피노자의 『윤리학』을 영역한 번역가였고, 《웨스트민스터 리뷰》의 부편집장이었으며, 장편 극시 『스페인 집시』를 비롯하여 많은 시를 남긴 시인이었다. 1880년에 조지 엘리엇은 그녀의 수입을 관리해준 은행가 존 월터 크로스와 결혼했으나 6개월 만인 12월에 첼시의 신혼집에서 숨을 거두었다. 당시 크로스는 40세, 그녀는 61세였으며, 메리 앤 에번스 루이스는 하이게이트 공동묘지의 루이스 옆에 묻혔다..

즐거운 결말이 왔다 가네요, 임이여

Sweet Endings Come and Go, Love

"좋은 밤이 왔다가,

좋은 밤이 가네요,

이제 우리도 가서

우리도 돌아오지 않으리."

— 옛 민요

즐거운 저녁이 왔다가 가네요, 임이여,
저녁은 옛날에도 왔다가 갔어요.
우리의 삶에서 이 저녁은, 임이여,
가버리면 더는 돌아오지 않을 거예요.

우리가 떠나고 없어도, 임이여,
만물은 각자의 이름을 간직할 거예요.
지상의 어떤 삶도, 임이여,
똑같이 우리랑 함께하진 못하겠지만요.

데이지꽃들이야 피겠지요, 임이여,
별들도 하늘에서 빛날 테고요.

나는 당신의 소망을 못 느끼겠죠, 임이여,
당신도 나의 손을 못 잡을 테고요.

더 좋은 시절이 오겠지요, 임이여,
더 좋은 영혼들이 태어날 테고요.
나는 정말 싫지만, 임이여, 이제
당신을 쓸쓸히 두고 떠나야만 해요.

어느 런던 응접실에서
In a London Drawingroom

연기에 하늘이 흐릿하고, 노랗다.
단단한 안개 같은 담이 기다란
한 선으로 하늘을 가르는 집들이 맞은편에
보인다. 눈길 닿는 데까지 아득히
어떤 추측이 머뭇거릴 틈도 없이 뻗쳐있는
단조로운 외관과 형태.
날아가는 새도 그림자를 드리우지 못한다,
금빛 광선들이 삼베옷을 입은 곳에서는
마치 두꺼운 캔버스 천에 휘덮인 길에 있는 듯이
모든 게 그림자이기에. 그 누구도 늑장 부리며
멈추어 눈의 갈망을 채워 주지 못하고
삶의 무릎에 앉아 잠시 쉬지도 못한다.
모두가 서둘러 가며 땅을 바라보거나,
표나지 않게 행인들을 힐끗 보고 말 뿐이다
바퀴들도 서둘러 간다, 역마차도, 마차도
모두 닫힌 채, 다양한 계층을 품고서.
세상이 하나의 거대한 감옥이자 법정 같다
사람들이 최소한의 비용으로 벌을 받는,

최저의 색감, 온기와 행복이 배어있는 곳.

지나간 하루를 헤아려보다가
Count That Day Lost

해 질 무렵에 앉아서
자신이 했던 행동들을 헤아려보다가
헤아려보다가, 듣는 이의
가슴을 편하게 해준
어떤 이타적인 행동, 어떤 말,
햇살처럼 다가가서 머물렀던
아주 다정한 눈길이 떠오른다면 —
그날은 잘 보낸 날로 칠 수 있으리라.

그러나, 긴 하루가 다 가도록,
누구의 가슴도 북돋아 주지 않았다면 —
하루가 지나가도록
누군가의 얼굴을 햇살처럼 환하게
해준 일도 떠오르지 않는다면 —
어떤 영혼을 도와준
아주 작은 행동도 어떤 희생도 없었다면 —
그날은 잃어버리느니보다 못한 날이리라.

세상은 위대하죠
The World is Great

세상은 위대하죠!
새들은 내게서 날아가 버리고,
별들도 손이 닿지 않는
나무에 맺힌
금빛 열매 같네요
어린 여동생이 떠났고 나 혼자예요.

세상은 위대하죠!
햇살이 아주 고요히 내리쬐는
소나무 숲 위의
언덕을 올라가려고 했는데,
더 높아져 버렸어요.
어린 리사가 떠났고 나 혼자예요.

세상은 위대하죠!
바람이 세차게 지나가네요.
어디서 불어오는지 궁금하네요.
바다-새들이 울부짖으며

내 가슴을 아프게 하네요.
어린 여동생이 떠났고 나 혼자예요.

세상은 위대하죠!
사람들이 웃고 얘기하며,
시끌벅적한 휴일을 보내네요.
다들 정말 빨리도 걷네요!
나는 절름발이, 그들이 나를 밀치네요.
어린 리사가 떠났고 나 혼자예요.

두 연인
Two Lovers

어느 이끼 낀 샘가의 두 연인:
둘이 거기서 부드러운 뺨을 서로 기대고,
거뭇하고 밝은 머리칼을 섞은 채,
구애하는 개똥지빠귀의 노래를 들었어요.
오 싹트는 계절!
오 사랑의 행복한 한창때!

입구에서 막 걸음을 뗀 신혼부부:
종들이 행복한 축가를 불렀어요,
대기는 파닥거리는 날개처럼 부드럽고,
하얀 꽃잎들이 그 행로에 깔렸어요.
오 순결한 눈의 신부!
오 다정한 자존심!

요람 위로 수그린 두 얼굴:
그 머리 위에서 두 손을 꼭 잡았어요.
요람을 흔들며 서로의 손을 꽉 쥔 채,
사랑이 보내준 한 생명을 바라보았죠.

오 숭고한 시간!
오 신비한 힘이여!

저녁 화롯가의 두 부모:
붉은 불빛이 그들의 무릎을 비췄어요
백합 줄기에 맺힌 꽃봉오리들처럼
시나브로 커가는 머리들을 비췄어요.
오 인내하는 삶!
오 여린 싸움이여!

둘은 거기에 계속 함께 앉아있었어요,
붉은 불빛이 그들의 무릎을 비췄어요.
그러나 그 머리들은 모두 시나브로
떠나고 그 외로운 부부만 남겨놓았죠.
오 충실한 여정!
오 사라져버린 과거여!

그 붉은 불빛이 마루를 비추어
둘 사이의 공간을 넓게 만들었어요.
그들은 의자를 당겨서 나란히 앉아,
창백한 뺨을 맞붙이고, 말했죠, "새삼스러운!"
오 추억들!

오 살아있는 과거여!

내 금-갈색 곱슬머리 사이에
Mid My Gold-Brown Curls

내 금-갈색 곱슬머리 사이에
은빛 머리칼 한 올이 감겨 있었어요:
나는 무심코 그것을 뽑았어요
그게 있는지도 거의 몰랐거든요.
그것이 내 벨벳 소매에 둘둘 감겨 있다가
마치 뱀처럼 쉭쉭거렸어요:
"네가 나를 뽑아서 던져버리면,
머리칼 한 올쯤이야 쉽사리 잊히겠지.
그런데 그 겨울 군대가 모두 집합하는
그날이 가까워지면 어떻게 할래?"

장미
Roses

당신은 장미를 사랑하죠 — 나도 그래요. 하늘이
장미를 비처럼 내려주면 좋겠어요, 흔들린 관목에서
장미가 비처럼 뚝뚝 떨어지면 좋으련만. 왜 안 그럴
까요?
그러면 모든 계곡이 분홍색 흰색으로 물들어
밟으면 보들보들할 텐데요. 꽃잎들이 깃털처럼
가볍게 추락하며, 향긋한 향기를 풍기면, 마치
잠든 듯 깨어 있는 듯한 기분이 동시에 들 텐데요!

달콤한 봄날
Sweet Springtime

달콤한 봄날의
한창때였어요
홍방울새의 목구멍에서
사랑 노래가 전율하고,
사랑에-들뜬 공기에
설렌 꽃들이 피어났어요.
작은 환영들이 춤을 췄죠,
풍성한 빛에 싸인
아주 희미한 몸의
꼬마요정들이 행복에 겨워서요.

어느 아득한 봄날의
짤막한 한때였어요,
그러나 보드라운 생물,
달콤히 구애하는 홍방울새,
은근히 설렌 산사나무,
아주 희미한 몸의
행복한 환영 같은 요정이

내 안에 여전히 살아있어요.
지나간 봄날의
한창때였지만요!

파란 날개
Blue Wings

가냘픈 올리브 이파리 사이로 따듯하게 속삭이는
부드러운 소리가 내게 들려왔어요,
금빛 옥수수 단 사이의 맑은 햇살 속에서
발견한 어떤 비밀에 대해 속닥거렸죠:

그것이 아침에는 나를 위해 잠을 잔다고 했어요,
그것이 즐거움이라며, 그게 기쁨이라면서요,
"애야, 이리 가보자" 그러면서 나를 이끌어
파란 날개가 옥수수에 누워 쉬는 데로 데려갔어요.

난 그 부드러운 소리가 진실을 속삭인다고 생각했죠
그 작은 천국을 내 것으로 생각하고,
그 성스러운 날개를 잡으려고 몸을 수그렸는데,
파란 날개가 파란 하늘에 안겨 녹아버리지 뭐예요!

삶을 가치 있게 만들려면
Making Life Worth While

당신의 영혼을 어루만지는 모든 영혼 —
아무리 미미한 접촉이라도 —
거기서 어떤 장점을 취하세요,
어떤 작은 호의, 다정한 생각,
아직 느껴보지 못한 열망,
어두워지는 하늘을 대하는
약간의 용기,
삶의 짙어가는 병폐에 용감히 맞서는
한 줄기 빛 같은 믿음,
언뜻 눈에 들어온 아주 밝은 하늘이 —
이 삶을 가치 있게 만들고
천국을 확실한 유산으로 만드니까요.

크리스티나 로제티

Christina Rossetti, 1830.12.5~1894.12.29

크리스티나 로제티는 1830년 12월 5일에 영국의 런던에서 태어났다. 아버지는 이탈리아에서 영국으로 망명한 시인이자 교수였고 어머니는 『뱀파이어』을 쓴 존 폴리도리의 여동생이었으며, 오빠 단테 가브리엘은 유명한 시인이자 화가였다. 크리스티나는 일곱 살 때부터 시를 쓰기 시작하여, 열여덟 살에 『아테나이움』에 첫 시를 발표했고 라파엘전파의 단명한 문예잡지 『싹』에 여러 편을 기고하였다. 그녀의 대표작 『도깨비시장』은 과일 장수 도깨비들의 유혹, 그 유혹에 넘어가서 타락하는 한 소녀와 그녀를 구원의 길로 이끄는 담대한 다른 소녀의 이야기를 담은 우화 형식의 장편으로, 기독교의 성서, 밀턴의 『실낙원』, 콜리지의 『노수부의 노래』 등에 담긴 내용을 여성 작가의 관점에서 다시 쓴 걸작으로 평가된다. 도깨비로 둔갑한 남성중심주의사회와 그 사회에서 타자로서 고통받고 억압받는 여성의 성대결 구도, 남성들의 형제애에 맞선 여주인공들의 끈끈한 자매애, 그 자매애에서 엿보이는 이상적 여성공동체의 전망 등과 같이, 특히 여성주의적인 시각과 관점에서 논의의 여지가 많은 이 작품으로, 크리스티나는 비평가들과 대중의 시선을 한 몸에 받았다. 그밖에, 여러 시에서 전쟁, 노예제도, 동물 학대, 미성년자 매춘 등을 반대한 크리스티나 로제티는 20세기 초에 득세한 모더니즘의 그늘에 가려져서 한동안 빛을 보지 못하다가 1970년대 페미니즘 학자들에 의해 재평가되면서부터 두루 읽히고 사랑받는 여성 시인이 되었다.

이브의 딸
A Daughter Of Eve

한낮에 잠들어, 으스스한 밤
  쓸쓸하고 차가운 달빛 아래
깨어난 나는 바보였네.
내 장미를 너무 일찍 꺾어버린 바보,
  내 백합을 덥석 뜯어버린 바보.

내 정원 꽃밭을 나는 지키지 못했네.
  시들어 완전히 버려지고서야,
난생처음인 양 우네.
아 잠들었을 때는 여름이었는데,
  깨어나 보니 벌써 겨울이네.

미래의 봄과 햇살 따사로운
  즐거운 내일을 얘기한들 뭣하리 ―
희망에 이것저것 다 발가벗겨져,
더는 웃지도, 더는 노래도 못하고,
  슬픔에 젖어 나 홀로 앉아있네.

에코
Echo*

밤의 고요 속에서 내게 오세요,
 꿈의 속삭이는 고요 속으로 들어오세요.
보들보들 둥근 뺨, 냇물에 비친
 햇살처럼 밝은 눈으로 오세요.
 눈물 머금고 돌아오세요,
아 끝나버린 시절의 추억, 희망, 사랑이여.

아 달콤한, 너무 달콤한, 쓰리게 달콤한 꿈,
 깨고 말았지만 필시 낙원에 있었으리라,
넘치는 사랑의 영혼들이 살고 만나는 곳,
 애타게 갈망하는 눈길들이
  그 느릿한 문을 바라보다가
열고, 들어가서, 다시는 안 나오는 그곳에.

---

* 숲의 요정 에코와 나르시스에 관한 그리스 신화를 염두에 두고 쓴 시로, 나르시스를 연모한 에코는 자기애에 빠진 그에게 퇴짜를 맞고 비통해하다가 몸이 여위어 흔적도 없이 사라졌으나, 연인의 이름을 부르는 소리만은 여전히 살아남아 지금도 자기를 부르는 소리에 대답한다고 전해진다.

꿈에라도 내게 오세요, 죽어 식더라도
 나만의 삶을 다시 살 수 있게요.
꿈에라도 내게 돌아오세요, 맥동에는 맥동,
 숨에는 숨으로 화답할 수 있게요.
  나직이 속삭여주세요, 나직이 굽혀주세요,
옛날처럼, 내 임이여, 먼 옛날처럼요.

첫날
The First Day

당신이 나를 만나러 온 첫날, 첫 시간,
첫 순간을 기억할 수 있으면 좋으련만!
계절이 밝았는지 어두웠는지, 여름이었지
겨울이었지 그런 말이라도 할 수 있을 것을.
그리 흔적도 없이 슬그머니 사라져버려,
봉사처럼 볼 수도 내다볼 수도 없었어요.
너무 둔해서 내 나무의 꽃망울이 여러 번의
오월이 지나도록 안 핀 것도 몰랐어요.
그날을 떠올릴 수만 있다면! 많은 나날인데
하필 그날일까! 철 지난 눈이 흔적도 없이
녹아버리듯 그날도 왔다 가게 둘 수밖에요.
별일 아닌 듯했는데, 어찌나 큰일이었던지!
지금이라도 그 촉감, 잡고 잡힌 손의 첫 감촉을
떠올릴 수 있었으면! — 누군가도 꼭 알아줬으면!

생일
A Birthday

내 마음은 노래하는 새처럼
　물오른 어린 가지에 둥지를 틀었어요.
내 마음은 사과나무처럼
　열매가 주렁주렁 가지가 휘었어요.
내 마음은 무지개 조가비처럼
　고요한 바다에서 노를 저어요.
내 마음은 이 모두보다 기뻐요,
　내 사랑이 내게 올 테니까요.

내게 비단 솜털 단을 세워줘요.
　다람쥐 모피*와 보라 천을 걸어줘요.
비둘기와 석류도 새겨줘요,
　눈이 백 개 달린 공작도요.
금색 은색 포도도 수놓아줘요,
　나뭇잎들과 은빛 백합들도요.
내 삶의 생일이 다가왔으니,
　내 사랑이 내게 올 테니까요.

---

*　중세시대의 귀족들이 옷에 단 다람쥐 모피를 말한다.

한 화가의 스튜디오에서
In An Artist's Studio

한 얼굴이 그의 모든 화포에서 밖을 내다본다.
똑같은 한 인물이 앉거나 걷거나 몸을 굽힌다.
칸막이 바로 뒤에 숨은 여인을 발견했는데,
거울이 온갖 그녀의 사랑스러움을 돌려주었다.
오팔 색 혹은 루비색 드레스의 어떤 여왕,
싱그러운 여름 녹색 차림의 이름 모를 소녀,
어느 성녀, 어떤 천사 — 낱낱의 캔버스가
더도 덜도 말고 똑같은 한 목적을 의미한다.
그는 낮밤으로 그녀의 얼굴을 먹고 살고,
그녀는 충실하고 다정한 눈으로 달빛처럼 곱게
햇살처럼 기쁘게 그를 돌아본다.
기다림에 질리지 않고, 슬픔에 흐려지지도 않는,
실재가 아니라, 희망이 밝게 빛났을 때의 여인,
실재가 아니라, 그의 꿈을 채워 주는 여인.

나 죽거든, 임이여

When I am Dead, My Dearest

나 죽거든, 임이여,
  슬픈 노래 부르지 마세요.
내 머리맡에 장미도,
  그늘진 삼나무도 심지 마세요.
위에 녹색 잔디를 덮어
  소나기와 이슬방울에 젖게 두세요.
그러고 생각나면 기억하시고,
  잊으려거든 잊으세요.

그림자도 못 보고
  비도 못 느낄 거예요.
나이팅게일이 고통스레
  울어대도, 안 들릴 거예요.
뜨지도 지지도 않는
  황혼 속에서 꿈꾸다가,
어쩌면 기억할지도,
  어쩌면 잊을지도 몰라요.

사과 수확
An Apple-Gathering

내 사과나무에서 분홍 꽃을 따서
그날 저녁 내내 머리에 꽂고 있었어요.
그 후 적절한 시기에 보러 나갔는데
나무에서 사과 하나 찾지 못했죠.

바구니를 달랑대며 잔디밭 따라서
왔던 길로 되돌아갔어요.
이웃들이 그리 빈손으로 돌아가는
나를 보고 놀려대더군요.

릴리안과 릴리아스가 터벅터벅 지나가다가 생글대고,
그들의 수북한 바구니도 조롱하듯 놀려댔어요.
고운 목소리로 노을 진 하늘을 이고 노래하다가,
둘은 어느새 어머니의 집에 다다랐죠.

포동포동한 거트루드도 수북한 바구니를 들고 지나갔죠.
그녀보다 힘센 손이 내내 운반을 도왔는데,

그녀랑 얘기 나누며 시원한 그늘을 지나가는 한 목소리
나에게는 노랫소리보다 더 달콤했어요.

아 윌리, 윌리, 내 사랑이 녹색 이파리를 잔뜩
이고 있는 사과들보다도 보잘것없었나요?
나는 사랑보다는 대지의 붉디붉은 사과들이
훨씬 더 보잘것없다고 생각했어요.

한때는 나랑 당신도 몸을 웅크린 채 얘기를 나눴죠,
바로 이 오솔길에서 깔깔대다가 쫑긋 귀를 세우며.
이 길을 함께 걷곤 했는데 다시는
함께 걷지 못하리라 생각하면!

이웃들이 그냥 지나가게 뒀어요, 한 명씩 두 명씩
무리 지어서요. 마지막 이웃이 밤바람이 차졌다며,
서둘러 가더군요. 하지만 난 늑장 부렸어요, 이슬이
하염없이 떨어져도 나는 계속 늑장 부렸어요.

겨울: 나의 비밀

Winter: My Secret

　나의 비밀을 말해줄까요? 설마요, 난 아니에요.
혹시 언젠가는, 누가 알겠어요?
하지만 오늘은 아니에요. 꽁꽁 얼었는데, 바람에, 눈까지 오네요.
호기심이 너무 많군요. 쳇!
듣고 싶다고요? 나 참.
그래도, 나의 비밀은 내 것, 말하지 않을래요.

　아니, 결국은, 없을지도 모르죠.
어쨌거나 비밀은 없다고 쳐요,
그냥 나의 장난일 뿐이라고.
오늘은 살을 에는 듯, 뼈에 스미는 듯이 추운 날.
이런 날씨에는 숄이 필요하죠,
덮개, 외투나 다른 가리개도 좋고요.
똑똑 두드린다고 다 열어줄 순 없어요,
그러면 외풍이 집 안으로 쌩쌩 들어올 테니까요,
들어와서 나를 감고 휘감을 테니까요,
들어와서 내 몸을 치고, 농락하며,

내 가리개들을 모조리 물어뜯어 찢어놓을 테니까요.

나는 보온용 마스크를 써요. 대체 누가 러시아의 눈발에

코를 드러내고 다니겠어요,

부는 바람에 콕콕 쪼이기밖에 더 하겠어요?

당신은 쪼지 않겠다고요? 호의에 감사합니다,

진심이에요, 그 진심만은 검증 말고 그냥 넘어가 주세요.

봄은 팽창의 시간이죠. 하지만 난 믿지 않아요

먼지투성이인 삼월도,

무지개 관을 쓰고 짧은 소나기를 내리는 사월도,

오월조차도요, 햇살 없는 시간에

서리 한 번이면 꽃들이 시들어버리니까요.

혹시 어느 께느른한 여름날,

졸린 새들의 노랫소리가 점점 잦아들고,

금색 과일이 무르익어 갈 때면,

햇볕도 너무 많지 않고 구름도 너무 많지 않고,

따듯한 바람이 조용하지도 시끄럽지도 않으면,

혹시 나의 비밀을 말해줄지 모르죠,

아니면 당신이 추측해보세요.

왕의 공주
A Royal Princess

나는 공주, 왕의 후손, 보석들로 장식하고 치장하고 입었지만,
차라리 가슴에 아기를 품은 어느 농부 아낙네고 싶어요,
온통 해처럼 눈부시게 빛나고, 석양 같은 자줏빛의 나지만요.

둘에 둘 호위들이 뒤따르고, 앞에도 둘에 둘,
양편에도 둘에 둘, 네 명씩 언제나 나를 호위하지만, 나는
꾸꾸 울면 안 되는 가련한 비둘기 — 높이 날면 안 되는 독수리.

나의 분수들이 모두 향기를 뿜어내고, 내 정원들도 모두
향긋한 나무들과 이국의 향신료들을 키워내죠, 철이 아니라도
제철인 양, 피어나는 온갖 값진 꽃들과 함께요.

나의 벽들은 모두 거울들 속에서 길을 잃어요, 거기서는

오른쪽에도 나, 왼쪽에도 나, 곳곳에서 내가 보이니까요,

똑같이 고독한 모습, 똑같이 희구하는 얼굴이요.

게다가 나는 상아 의자에 고귀하게 앉아 있어요,
내 아버지의 의자, 상아 왕좌와 흡사한
거기에 앙앙하게 꼿꼿이 앉아 있죠, 거기에 홀로 앉아 있죠.

낮에도 홀로, 밤에도 홀로, 끝없이 홀로인 나날들.
내 부모가 보배들을 선물하면, 나야 찾으며 보내지만 ─

오 나의 아버지! 오 나의 어머니! 두 분은 벗 하나 없잖아요?

내가 고결한 공주이듯, 나의 아버지도
고귀한 왕, 왕다운 온갖 치밀한 책략들로 뜻을 이루어,
그분의 강력한 오른손에 세상 왕국들의 균형추를 쥐고 있죠.

그분은 이웃 나라들과 싸워서, 적들을 응징하셨기에,
그분의 삼각기가 가는 곳에는 봉신 영주들과 왕자들이 뒤따르죠.
오랜 전통의 용맹한 군주들을 독수리 왕은 알고 있는데

그들의 행로를 독수리가 덮칠 때면, 봉신들이 당당히 말을 달려
군대의 사기를 꺾고 대군도 쓰러뜨려 버리죠.
이들이 모두 나의 예의 바른 충신들이지만, 내 짝은 없어요.

나의 아버지는 세를 규합해서 공평한 펜으로 원칙을 세운 후에
그리 많은 가축의 머리, 말들의 머리, 사람들의 머리를 놓고
방법과 시간에 맞춰, 일부는 도륙하고, 일부는 피를 흘리게 하죠.

일부는 대로로, 운하로 부역을 보내고, 일부는 병사 삼아 함대로,

일부는 광산에서 매서운 감독들의 채찍질에 쓰라리게 하고,

일부는 극한 겨울의 얼얼한 땅에서 덫으로 모피 짐승을 잡게 하죠.

문득 이들도 남자들과 여자들, 사람의 육신이요 피로,

진흙처럼 짓밟히지만, 가슴을 지닌 사람들, 영혼을 지닌 이들이라는

생각이 내 가슴을 파고들어, 밀물처럼 나를 삼켜버렸어요.

그래서 그날 밤 축연도 즐겁지 않고, 음악도 기쁘지 않았어요.

어머니의 단아한 머리에서도 잿빛 머리카락 한 올이 보였고,

음식을 보며 찌푸리는 부왕도 요리가 나올 때마다 무거워 보였죠.

나는 유일한 공주로 두 분 곁의 고귀한 자리에 앉아 있고,

나의 신하 부인들과 신사들은 내 곁의 상단에 서 있었죠.

거울에 비친 내 얼굴이 늙어 말라빠진 노파처럼 보였는데

그 거울에 비친 부인들은 모두 눈부시게 고왔어요,
포동포동, 윤택한 머릿결, 다들 사랑의 은밀한 지식을 터득해서,
낮에 깔깔대고 밤엔 자는데, 아 나는 뭔가, 권좌가 뭐라고?

그날 밤에도 평소처럼 노래하는 남녀들은 노래를 부르고,
춤꾼들은 짝을 짓고 패를 이루어 춤을 췄지만, 음악이 그치자,
마치 장례식 날 우울하게 바람이 불다가 뚝 멎은 기분이었죠.

횃불을 쳐들고 나의 방으로 우리 일행은 서둘러 돌아왔어요.
시녀들이 내 금목걸이를 풀어 주는데, 부딪치는 목걸이 소리를
들으며, 그들은 깨어있을까 잘까 생각하다가 거의 울뻔했어요.

나는 향긋한 우유로 목욕하고 세심하게 시중을 받았어요.

시녀들이 나를 기쁘게 해주려고 향긋한 삼나무 육계나무를 태우고,

갓 씌운 은등에 불을 켠 후에, 나만 홀로 두고 방에서 나갔죠.

하루가 지나고, 일주일이 지났죠. 어느 날 이런 말을 들었어요.

"남자들이 아우성들이야. 여자들도 애들도 밥 달라고 아우성들이야.

사람들이 굶주린 개떼처럼 거리에서 빵을 달라며 울부짖고 있어."

내가 못 듣는 줄 알고, 문가에서 두 목소리가 그렇게 속삭였어요.

왕족의 귀에 나불거리는 소리가 아닌, 백성들의 꾸밈없는 진실을,

너무 가까이 다가가기보다는, 뒤에서 작당하기에 알맞은 소리로요.

그런데 진위를 파악하려고 감각을 극도로 긴장하고 주의를 기울이자,

"공원에서 가축처럼 풀을 뜯어 먹고 사는 가족도 있대."
"우리가 방주라도 지어서 농부 부부를 구해줘야 할까 봐."

유쾌한 농담, 유쾌한 웃음소리, 각자 제 갈 길로 가버렸죠.

한 명은 나의 시동, 내가 날마다 소리 지르고 품어주는 소년,

한 명은 오월 크림처럼 달콤하고 하얀 나의 가장 어린 시녀였죠.

다른 발소리들에 한층 무거운 발소리가 조용히 뒤따르며

들려온 목소리들: "정선된 병사들이 야영지에서 소환되었대,

함부로 울부짖으며 때려 부수는 이 천출 악한들을 진압하려고."

"울부짖으며 때려 부숴?" 한 명이 대꾸했죠. "놈들이 함부로

목사의 역마차에 돌을 던졌대, 정조준해서 독하게 팽개쳤대."

"군인들이 나설 수밖에, 이리 독한 작물은 싹둑 잘라 버려야지."

"나도 한 명 봤는데, 머리에 재를 뒤집어쓴 불쌍한 늙은이였어.

웬 소녀가 빵조각을 강탈해 갔다며 훌쩍거리더니

푹 쓰러져서, 누군가가 일으키려 했는데, 벌써 죽어 있었지."

"그 홍수가 다음엔 우리를 덮칠걸," 코웃음 치며 응수하는 소리.

"빵이 생명의 지지대니, 다들 몽둥이 없이 몰려올 수밖에 없겠지."

"빵 한 덩이에 얼씨구나 축복받으려고 해롱댈 판이니까."

그들이 지나갔어요. 왕이 일어섰죠. 내 아버지가 미소하며 말했어요.

"딸아, 네 어머니한테 가서 잠시 함께 있어 주려무나, 오늘 좀 슬프다는데, 그 슬픔을 달래 줄 이가 너밖에 없잖니?"

그분도 떠났어요. 기다리는 동안에 이제부터 하프나 탈까? ―

(우리 궁궐 문 아래로 호위병이 배로 늘어나는 소리가 들리네요 ―)

아니면 나라를 수놓은 베일에 금실 자수를 놓아 마무리할까?

아니면 시녀한테 곁에 서서 어느 차분한 장면을 읽어달라 할까

음악처럼 마음을 달래주는 말들이 간간이 섞인 것으로?

아니면 내가 여왕을 시중드는 동안에 부채질이나 해달라 할까?

다시 날카롭게 명령히는 아버지의 목소리가 들려왔어요.

"공격!" 맞부딪치는 강철 소리. "다시 공격, 역도들이 저항한다.

육박전으로, 무자비하게 쳐라. 육박전으로, 무자비하게 쳐라."

성문에서 소동이 일더니, 과격한 목소리들이 갈수록 커졌어요.

붉게 반사된 빛이 번쩍하며 대성당 첨탑을 비추었죠.

장작을 쌓으라는 아우성에, 불을 지피라는 함성이 이어졌어요.

"거기 앉아서 네놈의 살이나 구워라, 거기 앉아서 네놈의 빵이나 구워,

우리가 굶주려도 앉아서 구경만 한 놈," 한 여인이 비명 쳤어요.

"네놈 권좌에 앉아서 네놈 머리에 쓴 왕관이나 구워 먹으라고."

아니야, 이 일은 내가 할 거야, 어머니가 주저하시니, 내가 곱게 짠 금실을 가져갈게, 바느질은 필요 없어, 나의 금과 보석들, 무지개 부채와 화관도 가져갈게.

내 무릎에 몸값을 품고, 내 손에 왕의 몸값을 쥐고서, 몸소 이 백성들에게 내려가, 얼굴을 맞대고 설게, 이 저주받은

나라의 왕, 여왕과 공주를 저주하는 저들 앞에 나설게.

저들에게 빵 사라고 모두 줄게, 내가 가진 모두를 줄게.
죽게 되면 죽는 거지. 저들이 오늘 먹고 살면 그만이니까.

죽게 되면 죽는 거지. 그게 내심 품은 목적이니까.

세상 앞에 말하고, 내 마음을 드러내 다 보여주고서
내가 배운 교훈이 죽음일지라도, 아는 것이 삶이니까.
죽게 되면 죽는 거지. 신의 이름을 걸고 가면 그만이니까.

희망의 인내
Patience of Hope

양지와 음지에서 피어나
　이슬에 반짝이는 꽃들,
　　그 꽃들도 시들지요.
즐거운 봄이 다시 오면
　둥지를 짓고 노래하는 새들도
　　금시에 날아가지요.

자력으로 일어나 세상을
　깨우고 따듯하게 해주는 태양도
　　결국에는 지고 말죠.
거품 물고 소용돌이치는 파도로
　해변에 넘쳐흐르는 바닷물도
　　다시 빠져나가죠.

만물이 왔다 가고, 만사가 흥하다 이울죠,
　오 주여, 오로지 당신만이
　　한결같이 영원토록
남아 계시지요.

만물이 당장 우리를 저버려도
우리는 당신을 믿나니.

에밀리 디킨슨

Emily Elizabeth Dickinson, 1830.12.10~1886.5.15

에밀리 디킨슨은 1830년 12월 10일 매사추세츠주 애머스트에서 태어났다. 그녀는 200년 전에 신대륙으로 이주해서 자수성가한 가문의 후손으로, 할아버지가 애머스트 칼리지의 설립자였고 아버지는 거의 반평생을 이 대학의 재무 담당자로 일하며 주의원까지 지낸 명사였다. 디킨슨은 애머스트 아카데미를 거쳐 마운트 홀리요크 여자신학교에 입학했으나 10개월밖에 다니지 않았다. 현재 1,800여 편에 달하는 디킨슨의 시들이 알려져 있으나, 그녀가 살아생전에 발표한 시는 겨우 10여 편이었고 대부분 사후에 알려진 작품들이다. 여동생 라비니아가 언니의 유언대로 편지와 함께 시들도 다 태워버렸다면 그 귀한 원고들이 순식간에 재로 변해버렸을 것이다. 그 진가를 알아보고 출간을 서두른 그녀야말로 최초의 진정한 비평가였다고 할 수 있겠다. 그러나 디킨슨의 시에 대한 초기 비평은 마치 소복 같은 하얀 드레스를 입고 집에서 은둔생활을 했던 그녀의 기괴한 삶에 초점이 맞춰져 있었다. 즉, 그녀의 숨겨진 삶을 들춰내는 작업이었다. 그러나 어느새 그녀는 아주 혁신적인 여성 시인으로, 미국 현대 시의 원조로까지 통하고 있다. 흔히 삶, 사랑, 자연과 죽음의 주제로 분류되는 디킨슨의 시들은 간결하면서도 아주 강렬하다. 주제마다 번득이는 재치와 진솔한 열정과 예리한 통찰이 돋보인다.

달은 바다와 멀리 떨어져 있지만
The Moon is Distant from the Sea

달은 바다와 멀리 떨어져 있지만
 호박琥珀 빛깔 손으로
소년처럼 순한 바다를 이끌어
 정해진 모래밭으로 데려가지요.

바다는 조금도 빗나가지 않고
 달의 눈빛에 순종하여
마을 쪽으로 꼭 그만큼 다가왔다가
 꼭 그만큼 물러나지요.

오, 임이여, 당신의 손은 호박 손,
 저의 손은 먼바다 —
당신 눈길의 미미한 명령에도
 그저 복종할 따름이에요.

편지
The Letter

"그이에게 가라! 행복한 편지야! 그이에게 전해라 —
그이에게 지면은 내가 쓰지 않았다고 전해라,
그이에게 나는 그저 구문을 말했을 뿐
동사와 대명사는 생략했다고 전해라.
그이에게 그냥 손가락들이 얼마나 허둥댔는지
또 얼마나 힘들게 느릿느릿 느리게 나아갔는지
또 네 지면에 눈이 달렸으면 뭐가 지면을
저리 뒤흔드는지 알 수 있으련만, 그랬다고만 전해라.

그이에게 전문 작가의 글은 아니라고 전해라
문장이 애써 성취한 문체로 추측해보건대
마치 뒤에서 보디스를 잡아당기는 소리 같다고
마치 웬 아이가 붙들고 있는 것 같아서
못내 가여운 그런 정도로 애쓴 글 같다고.
그이에게 전해라 — 아니, 불평을 늘어놔도 좋다
본심을 알면 그이의 가슴이 찢어질 테니
그럼 너나 나나 한결 말을 아껴도 될 테니.

그이에게 전해라, 우리가 끝내기 전에 밤이 끝나
낡은 시계가 '낮이다!'라고 계속 울어댔고
네가 너무 졸려서 제발 끝내자고 애원했다고 —
그렇다고 무슨 방해가 될까마는, 그렇잖아?
그이에게 그녀가 너를 아주 조심스레 봉했다고만 전해라
혹시 그이가 너에게 어디에 숨었냐고 물으면
내일까지 — 행복한 편지야!
몸짓으로 교태부리며, 머리를 가로저어라!"

가을에 당신이 오신다면
If You Were Coming in the Fall

가을에 당신이 오신다면
  여름은 훌훌 털어버릴게요
살짝 미소하고 콧방귀 뀌며
  주부들이 파리를 쫓아내듯이.

연내에 당신을 볼 수 있다면
  각각의 달月을 공처럼 둘둘 감아
따로따로 서랍에 넣어둘게요
  각 달에 행운이 내리길 바라며.

수백 년 늦어진대도 그 세월을
  손에 올려놓고 세어볼게요
빼고 빼다 보면 저의 손가락이나마
  반디만의 영토에 들르겠지요.*

혹시 이 목숨이 끝난 다음에야

---

* 반디만의 영토는 태즈메이니아(오스트레일리아 남동쪽의 섬)로, 유럽인들에게 '아주 머나먼 곳'으로 통했다.

당신과 내가 함께할 수 있다면
그 목숨을 껍질처럼 멀리 던져버리고
영원을 맛볼래요.

그런데 당장, 아련한 날개에
길이조차 모르는 시간이
언제 침을 쏠지 모르는 도깨비 벌처럼
나를 콕콕 찔러대네요.

성공
Success

성공은 아주 달콤할 거라고
성공하지 못한 이들은 생각한다.
쓰라린 결핍을 겪은 후에야
비로소 신주*의 맛을 아는 법이다.

오늘 그 깃발을 잡은
온갖 자줏빛 주인공** 중에서
승리를, 아주 분명하게
정의할 수 있는 이는 없다

실패해서 죽어가는 이만큼,
금지된 귀에 아득한
승리의 가락이 괴롭게
또렷하게 부서지는 이만큼은!

---

*　"신주"는 신들이 마신다는 불로장생의 술(nectar)을 말한다.
**　"자줏빛 주인공"은 '성공한 사람들'의 의미로, 고관들이 착용한 옷이 '자줏빛'이었다. 실례로, 추기경(the Purple)을 들 수 있겠다.

나는 가능성 속에서 산다
I Dwell in Possibility

나는 가능성 속에서 산다 —
산문보다 고운 집 —
창문도 훨씬 많고 —
문들도 — 훨씬 훌륭해서 —

눈으로 들여다볼 수 없는 —
삼나무숲 같은 방들에 —
하늘 박공지붕*을
영원한 지붕 삼은 집 —

아주 고운 — 방문객들 맞으며 —
내가 하는 일은 — 바로 —
좁다란 두 손 활짝 펼쳐
낙원을 따 모으는 일 —

---

*   박공지붕(또는 맞배지붕)은 건물의 모서리에 추녀가 없이 용마루까지 측면 벽이 삼각형 또는 사람 인(人)자 모양을 이룬 지붕을 말한다.

수수한 삶
Simplicity

작은 돌은 얼마나 행복할까
길에서 홀로 뒹굴며
출세에 관한 관심도
절박하게 걱정할 일도 없이
지나가는 우주가 걸쳐준
자연스러운 갈색 코트 입고
태양처럼 자유롭게
어울리거나 홀로 빛나며
무심하게 수수하게
절대 천명을 다하나니.

눈
THE SNOW

눈이 납빛 체에서 떨어진다.
온 숲에 하얀 가루를 뿌려서
설화석고 솜털로
길의 주름살들을 메운다.

산도 들판도 한결같은
한 얼굴로 변신시킨다 —
동쪽에서 다시 동쪽까지
주름 없이 반듯한 이마로.

눈이 울타리에 손을 뻗친다.
난간을 하나둘 휘감아
하얀 털에 파묻어버리고
그루터기 볏가리 나무줄기에

수정 베일을 내두른다 —
여름의 텅 빈 방,
추수 후의 이랑만 남은 논밭이

흔적도 없이 오로지 눈 세상.

눈이 여왕의 발목 같은
말뚝 손목들에 주름 옷을 입히니 —
목수들도 있었는지 없었는지
유령처럼 침묵할 따름이다.

나는 화산을 보지 못했다
I Have Never Seen Volcanoes

나는 "화산"을 보지 못했다 —
  그러나 여행자들의 얘기가
저 늙고 무기력한 산들이
  대게는 아주 고요한데 —

속에 — 무시무시한 화기,
  화염, 연기, 화포를 품고 있다가
마을들을 아침거리로 먹어 치우며
  사람들을 섬뜩하게 한단다 —

혹시 인간의 얼굴에 깃든
  고요도 화산처럼
속에 타이탄 같은 고통의
  온갖 성질을 숨기고 있다가 —

속에 맺힌 괴로움을 끝내
  극복하지 못하고 —
그 흙 몸속에서 고동치는

포도원을 쏟아낸다면?

혹시 어떤 고미술품 애호가도
　부활의 아침에
기쁨에 겨워 "폼페이여!" 언덕으로
　돌아오라 소리치지 못한다면!*

---

*　"폼페이"는 이탈리아 나폴리 근처의 옛 도시로, 서기 79년에 베수비오 화산의 분화로 매몰되었다.

한 줄기 빛살이 비스듬히
There's's a Certain Slant of Light

한줄기 빛살이 비스듬히
 겨울 오후에 —
무겁게 덮친다, 대성당의
 묵직한 음색처럼 —

우리에게 거룩한 상처를 입힌다 —
 흉터 하나 찾을 수 없지만
내면의 변화,
 그로 인한 숱한 의미들 —

아무도 — 누구도 — 가르칠 수 없는
 바로 절망의 봉인 —
하늘이 우리에게 보낸
 장엄한 고통 —

그 빛살이 나타나면 풍경은 경청하고 —
 그림자들 — 숨죽인다 —
사라질 때는 마치 죽음의

얼굴에 밴 서먹서먹함 같다.

나는 천국에 갔다
I Went to Heaven

나는 천국에 갔다 —
그곳은 작은 마을,
루비 등불 빛나는
윗대 위에 솜털 마을.
이슬 흠뻑 젖은
들판보다 고요하고
아무도 못 그려 본
그림처럼 아름다운 곳.
나방 같은 사람들,
메클린 무늬의 창틀,*
거미줄 같은 일과와
오리 솜털 같은 이름들.
못내 흐뭇한 마음으로
나도 그 유일한 세상의
일원이
될 수 있었다.

---

* "메클린"은 벨기에 북중부에 있는 도시로, 독특한 무늬의 '메클린 레이스' 산지로 유명하다.

루이자 메이 올컷

Louisa May Alcott, 1832.11.29~1888.3.6

루이자 메이 올컷은 1832년 11월 29일에 미국 펜실베이니아주의 저먼타운에서 아모스 브론슨 올컷과 아비게일 메이의 네 딸 중 둘째로 태어났다. 아버지는 초월주의자 클럽에 가입하여 랠프 월도 에머슨과 헨리 데이비드 소로 같은 인물들과 어울렸으며 어머니는 사회사업가였다. 늘 가난에 시달린 올컷은 어려서부터 품삯 바느질, 교사, 연극배우 같은 다양한 일을 체험했으며, 남북전쟁 시기에는 간호사로 봉사하였다. 살림에 보태려고 20대부터 30대 초반까지 대중잡지에 여러 편의 고딕 스릴러를 익명으로 발표한 올컷은 1868년에 한 출판사로부터 젊은 여성 독자를 위한 책을 써달라는 의뢰를 받고, 6주 만에 자신의 가족 이야기를 담은 소설을 완성했는데, 이 작품이 『작은 아씨들』(1868)이다. 이 소설의 성공에 힘입어 올컷은 1869년에 『작은 아씨들』의 2부 『주부들』을 내고, 『작은 신사들』(1871), 『8명의 사촌』(1875), 『라일락 밑에서』(1878), 6권의 『조 아주머니의 잡동사니 가방』(1872~1882)과 『조의 아이들』(1886) 같은 다양한 소설을 출간하였다. 『작은 아씨들』로 대표되는 그녀의 작품들에는 자유, 박애와 평등의 민주주의 정신이 배어 있고 일상생활에 대한 섬세한 묘사로 젊은 독자들에게 감동을 선사한다. 그녀는 평생을 독신으로 살다가 1888년 3월 6일에 숨을 거두었다.

금빛 그림자들이 더 밝게 빛나고
Brighter Shone The Golden Shadows

금빛 그림자들이 더 밝게 빛나고,
시원한 바람에 실려 은은하게 들려온
행복한 꽃들의 나직하고 달콤한 음성,
작은 제비꽃의 이름을 부르는 노랫소리.
녹색 나무들 사이에서 속삭이던
그 소리를 빛나는 파도들이 싣고 가서
외로운 숲속의 꽃들에게 전했어요,
그 기쁜 소식이 미처 닿지 못한 곳이었죠.

그리하여 서리-왕은 자신의 왕국을 잃고,
해를 끼치고 파괴하는 힘마저 잃어버렸죠.
제비꽃이 정복하자, 왕의 차가운 심장이
음악, 사랑과 빛으로 따뜻해졌고,
한때 아주 삭막했던, 그의 하얀 집도
사랑스러운 요정들과 꽃들로 화사해져서,
기나긴 밝은 여름 시간 내내
절대 시들지 않는 기쁨을 선사했죠.

그렇게, 제비꽃의 마력에,
어두운 그림자들이 모두 사라졌고,
그 행복한 꽃들의 집에는
금빛 햇살이 영원토록 내리쬐었죠.
그렇게 요정의 임무가 끝나자,
온 꽃-나라가 그 작은 제비꽃이
조용히 이룬 업적들을 보고서 배운
교훈이 바로 '사랑의 힘'이었어요.

비누 거품 내며 부르는 노래
A Song from the Suds

내 욕조의 여왕님, 나는 즐겁게 노래하며,
하얀 거품이 피어오르는 동안에,
빡빡 빨고, 헹구고, 비틀어 짜서,
바깥에 옷들을 매달아 말려요,
그러면 자유롭고 선선한 바람에 옷들이 하늘거리죠,
해 밝은 하늘 밑에서요.

우리도 우리의 가슴과 우리의 영혼에서
일주일의 얼룩들을 씻어내고,
물과 공기의 마법으로 우리의 몸도
그 둘처럼 깨끗해졌으면 좋겠어요.
그리하여 이 대지에 정말로 영광스러운
세탁의 날이 왔으면 좋겠어요!

그 유익한 삶의 길을 따라
가슴의 안락이 늘 꽃을 피워서,
바쁜 마음이 슬픔이나, 걱정이나,
우울을 생각할 겨를이 없을 거예요.

우리가 바쁘게 비질을 하다 보면
불안한 생각들도 다 쓸려나갈 거예요.

나는 매일 해야 할 일이
나에게 주어지면 기뻐요.
내게 건강과 힘과 희망을 가져다주니까요,
그것을 알기에 나는 명랑하게 말해요 —
"머리야, 넌 생각하렴, 가슴아, 넌 느끼렴,
하지만 손아, 너는 늘 움직여야만 해!"

장미 가족 – 노래 1

The Rose Family – Song 1*

오 내 창가의 꽃아,

왜 너는 그리도 곱게 피어나,

너의 녹색 보라색 꽃받침을

해와 대기로 쳐들었니?

"명랑한 베시, 너의 어린 가슴

위로해주려고 피어났어.

노동으로 가득한 세상에서,

이것이 나의 역할일 테니까."

빙빙 돌아라, 바쁜 바퀴야, 더 빨리,

돌아라, 나샷니야, 돌아라,

해는 밖에서 곱게 빛나고,

우리는 안에서 즐거워요.

오 나무-꼭대기의 울새야,

가슴에 햇살 받으며,

---

*   이 시는 어린이를 위한 동화 『장미 가족 우화』(1864)에 나온다. 장미 요정 가족의 세 딸이 삶의 교훈을 얻는 과정을 그린 동화로, 자전적인 내용이 담긴 『작은 아씨들』(1868)을 떠올리게 하는 작품이다.

왜 그리도 진득하게
숨겨진 둥지를 품고 있니?
"명랑한 베시, 나는 품고서,
나의 소박한 노래를 불러,
머지않아 내 새끼들이 세상에
더 많은 음악을 들려주도록."
빙빙 돌아라, 바쁜 바퀴야, 더 빨리,
돌아라, 나삿니야, 돌아라,
해는 밖에서 곱게 빛나고,
우리는 안에서 즐거워요.

오 여름의 향긋한 바람아,
오 은빛의 노래하는 냇물아,
왜 나뭇가지 사이로 바스락거리니?
왜 너의 은신처에서 어른거리니?
"명랑한 베시, 나는 팔랑팔랑
축복처럼 멀리 널리 떠다녀,
나는 미끄러지듯 나아가며
곳곳에 꽃과 신록을 흩뿌려."
빙빙 돌아라, 바쁜 바퀴야, 더 빨리,
돌아라, 나삿니야, 돌아라,
해는 밖에서 곱게 빛나고,

우리는 안에서 즐거워요.

오 시냇물과 산들바람과 꽃아,
그리고 나무 위의 울새야,
너희는 임무를 기쁨으로 만들고,
근로를 긍지로 만드는구나.
나에게 자발적인 손과 가슴으로
즐겁게 일하는 법을 가르쳐다오.
노동으로 가득 찬 세상에서,
나도 내 역할을 해야 하니까.
빙빙 돌아라, 바쁜 바퀴야, 더 빨리,
돌아라, 나삿니야, 돌아라,
해는 밖에서 곱게 빛나고,
우리는 안에서 즐거워요.

장미 가족 – 노래 2

The Rose Family – Song 2

오 수월하고 슬기롭게 배운 교훈이
끝까지 나와 함께 머물며,
나의 모든 삶이 지나간 시련을
이겨내고 더욱 나아지기를.
오 허영아, 더는 잘못 이끌지 말고!
열정들처럼, 긴 잠을 자라!
행복한 가슴아, 깨어나, 다시 춤춰라
내 노래의 음악에 맞추어!

오 여름 날들아, 잽싸게 휙 날아가,
명랑한 시간을 데려오려무나
우리 세 방랑자가 우리 꽃집에서
안전하게 다시 만날 시간을!
오 사랑하는 엄마, 슬퍼하지 마세요!
피어나는 우리에게 미소해주세요,
당신의 슬픔은 우리에겐 벌이었어요,
당신의 사랑이 우리를 집으로 이끌었어요.

작은 잿빛 곱슬머리
A Little Grey Curl

아버지의 머리에서 빠진 작은 잿빛 곱슬머리가
타지 않고 난로 위에 있는 것을 발견하고는,
슬프면서도 웃음이 나오는 묘한 기분이 들어서
그것을 여기 나의 일기장 속에 넣어둡니다.
그 길고 하얀 머리칼은 우리의 특별한 자랑이니까요.
아버지는 딸의 칭찬에 미소하지만,
오, 그 머리칼이 해마다 점점 가늘어져,
어느새 은빛 실안개처럼 변해버렸네요.

그 슬기롭고 사려 깊은 머리는! (매몰찬
운명의 잦은 타격에 벗겨지더라도)
그에게 살아가는 법을 가르쳐준
믿음과 희망과 신뢰의 창고를 지니고 있죠.
모자는 낡았어도, 그 밑에는 바라보는 이들에게
한 착한 남자의 생활사를 들려주고
행복한 책처럼 위로하는 얼굴이 있죠.

보석 팔고, 시계 팔고, 책 파는 행상으로,

여러 해를 떠돌아다닌 젊은 시절,
여전한 행상으로, 훨씬 풍성한 꾸러미의
물품들은 이제 지혜와 사랑과 진실이에요.
하지만 예전처럼, 사거나 멈추는 손님이 거의 없죠,
아버지는 장사의 요령을 배울 수 없으니까요.
시간이 그의 온순한 늙은 머리에 자욱하게 뿌려놓는
은빛 머리칼 말고는, 은전도 거의 못 벌죠.

그래도 바쁜 세상이, 자신의 어리석음과
교만에 신물이 나서, 예전에 무례하게
제쳐놓았던 그 온화한 얼굴의
행상인을 기억하고, 한때 그가 권했던
물품들을 기억하고, 진실, 지혜와 사랑을
열렬히 사고 싶은 마음에,
다시 그를 찾는 날이 오겠죠,
그러나 오, 그를 찾아봐도 소용없을 거예요.

그분이 삶의 소동과 다툼을 진정시키려고
내내 애쓰며, 부지런히 걸어 다녔던
삶의 샛길들을 따라서
남겨진 발자국밖에는 찾지 못할 거예요.
그 행상하던 순례자는 꾸러미를 풀어놓고

번 수입을 챙겨서 떠나버렸는데,
세상이 너무 늦게 갚고 싶어 하는
외상값을 기억한들, 얼마나 하찮아 보이겠어요.

신께서 그 귀한 머리를 축복해주시고! 근심 없이
고요하게 평화로운 세월의 관을 씌워주시어,
그간 겪어온 더위와 폭풍우 덕에
삶의 가을이 더욱 금빛으로 물들게 해주시기를.
그 누구도 분쟁을 벌이지 못할 나의 유산,
다툼도 걱정도 유발하지 않을 나의 운수,
그것은 정직한 이름, 그것은 아름다운 삶,
바로 내 아버지의 그 은빛 머리카락이에요.

나의 왕국
My Kingdom

난 작은 왕국을 갖고 있는데
숱한 생각들과 감정들이 살고 있어서,
그곳을 잘 다스리는 일이
너무나 어려워요.
열정이 나를 유혹하며 괴롭히고,
외고집이 잘못 이끌고,
이기심이 나의 모든 말과 행동에
그림자를 드리우니까요.

어찌하면 자제하는 법을 배워서,
내가 정직하고 용감한
아이가 되어, 지치지 않고 계속
좋아지려고 노력할까요?
어찌하면 내가 삶의 길을 따라 비추는
밝은 영혼을 간직할 수 있을까요?
어찌하면 나의 작은 가슴을 조율해서
온종일 기분 좋게 노래할 수 있을까요?

사랑하는 아버지, 나의 두려움을
몰아내는 사랑으로 도와주세요,
당신께 기대어, 당신이 아주 가까이 있다고
느끼는 법을 가르쳐 주세요,
당신이, 무한한 인내심으로,
모두를 달래고 위로해주시기에,
보이지 않는 어떤 유혹, 너무 작은
어린애 같은 슬픔도 없다는 것을요.

모두가 획득할 수 있는 왕관 말고는
어떤 왕관도 요구하지 않고
마음속의 세계 말고는
어떤 세상도 정복하려 들지 않을게요.
당신의 부드러운 손길에 이끌려,
내 안에서 당신의 행복한 왕국을
발견해서 담대하게 호령할 때까지만,
당신이 나의 길잡이가 되어 주세요.

요정의 노래

Fairy Song

달빛이 꽃과 장미에서 희미해지고
별빛도 하나둘 흐릿해지네요.
이야기가 끝나고, 노래도 끝나고,
요정의 축제도 다 끝났어요.
밤-바람이 잠든 꽃들을 흔들며,
부드럽고 나직하게, 노래하네요.
부지런한 새들이 머잖아 깨어날 거예요:
요정들이 떠나야 할 시간이에요.

다 같이 잠든 대지를 조용조용 지나서,
사람의 눈에 보이지 않게,
달빛 어린 고요한 하늘을 헤치고
가뿐히 떠가며, 달콤한 꿈들을 보내줘요 —
우리가 벌이는 축제, 우리가 들려주는 얘기는
별들의 은은한 눈만 볼 수 있고,
오로지 꽃들만 알 수 있으니까요,
요정들이 떠나야 할 시간이에요.

새와 꽃과 벌로부터,
우리는 그들이 가르치는 교훈을 배우고,
다정한 행동들로, 저마다
사랑하는 친구를 얻으려고 노력하죠.
보이지 않게 대지에서 우리는 살지만,
요정들이 가는 곳이면 어디에서든
달콤한 소리들이 나직이 속삭이고,
상냥한 가슴들이 아주 기쁘게 맞이하지요.

다음에 요정 골짝에서 만나면,
그때도 은빛 달의 부드러운 빛이
지금처럼 즐거운 얼굴들과
요정처럼 가벼운 가슴들을 비춰주기를.
이제 각자의 날개를 펼쳐요, 동쪽 하늘이
햇살에 금시에 밝아올 테니까요.
아침 별이 집으로 가는 우리를 밝혀줄 거예요.
안녕! 요정들은 떠나야만 하니까요.

나는 작은 새예요

A Little Bird I Am

"나는 작은 새예요,

갇혀서 공기 벌판에 못 가요,

그래서 새장 안에 앉아서 나를

여기에 가둔 분께 노래해요:

죄수가 된 것을 크게 기뻐하면,

나의 신 당신도 기뻐할 테니까요!

그것 말고는 할 일이 없어서,

나는 온종일 노래해요,

그러면 내가 가장 기쁘게 해주고 싶은 분이

나의 노래에 귀를 기울이죠,

그분이 방랑하는 내 날개를 붙잡아 묶어버렸어요,

하지만 여전히 그분은 몸을 수그려 내 노래를 듣지요."

우리의 행복한 집에서
From Our Happy Home

우리는 1년에 1주일씩
우리의 행복한 집에서 나와
세상을 두루 돌아다니며,
우리가 가져가는 기쁨으로
겨울을 봄으로 만들죠,
크리스마스-계절이 왔으니까요.

바야흐로 동방의 별이
멀리서 빛나며
극빈한 집을 밝혀주고,
가슴들이 따뜻해지고,
선물들이 아낌없이 넘치는,
크리스마스-계절이 찾아왔으니까요.

바야흐로 화사한 나무들이 솟아
어린 눈들 앞에서,
활짝 피어나 환호하게 하고,
명랑한 목소리들이 노래하고,

명랑한 종들이 울리는,
크리스마스-계절이 왔으니까요.

우리 모두를 아주 가까워지게 하는
오, 행복한 차임벨 소리,
오, 축복받은 시간!
"어서 와, 소중한 날아,"
모든 피조물이 말하는,
크리스마스 계절이 왔으니까요.

자장가
Lullaby

이제 하루가 저물었어요,
양치기 태양이 하늘에서
하얀 양 떼를 몰아가는 시간,
꽃들도 엄마의 가슴에
안겨, 나직한 자장가 소리에
잠잠히 쉬는 시간이에요.

커다란 녹색 고사리-가지들 밑에서
개똥벌레들이 힐끗거리는 시간,
반딧불들이 춤추는 시간이에요.
서쪽의 산들바람도
숲의 나무들에게
고운 가락의 자장가를 읊조리네요.

짙은 그림자에 싸여
여름 하늘에서 내리는 이슬처럼
축복의 잠이 쏟아지네요.
온 세상이 꿈을 꾸며

은은한 달빛에 잠겨 있는 동안,
밤은 속닥속닥 자장가를 부르지요.

이제, 새끼 새들아, 쉬려무나,
날카로운 올빼미 소리에 겁먹지 말고,
바람에 흔들리는 둥지에 안기려무나.
작은 찔레 숲이
접힌 꽃잎을 흔들며
너희의 자장가를 불러줄 테니.

엘라 휠러 윌콕스

Ella Wheeler Wilcox, 1850.11.5~1919.10.30

엘라 휠러 윌콕스는 1850년 11월 5일에 미국 위스콘신주의 한 농장에서 가난한 농부의 네 자녀 중 막내로 태어났다. 문학 애호가였던 어머니의 영향으로 엘라는 여덟 살 때부터 시를 썼고, 열세 살에 처음으로 시를 발표하였다. 그러나 시인으로서 그녀의 이름이 알려진 것은 1883년 2월 25일에 『더 뉴욕 선』에 「세상의 방식」이라는 시를 발표하고 난 이후였다. 이 시로 그녀는 난생처음 5달러의 원고료를 받았고, 석 달 후인 5월에 출간한 시집 『열정의 시들』로 그해에만 2,000달러의 수익을 올렸다. 엘라는 1884년에 로버트 윌콕스와 결혼하고부터 신지학, 신사상, 강신론에 심취하게 되었고, 용기와 낙천적인 사고를 북돋우는 그녀의 작품들이 신사상운동(인간의 신성을 강조하여 올바른 사랑이 병이나 과실을 억제할 수 있다고 여기는 종교철학)에 크게 이바지했다. 그녀는 『기쁨의 시』(1888), 『물방울』(1889), 『반성의 시』(1905), 『격려의 시』(1908) 등의 시집과 자서전 『세상과 나』(1918) 같은 글을 남기고, 1919년 10월 30일 코네티컷주의 숏비치에서 암으로 사망하였다.

운명의 바람
The Winds of Fate

불어오는 똑같은 바람에도
어떤 배는 동으로 가고, 다른 배는 서로 가지요.
그 배들에게 항로를 일러주는 것은
돌풍이 아니라
돛의 방향이에요.

우리가 삶을 헤치고 나아갈 때
운명의 바람도 바다의 바람과 같아요.
삶의 목적지를 결정하는 것은
평온이나 다툼이 아니라
영혼의 자세예요.

당신을 사랑해요
I Love You

포도주에 젖어서 격렬한 욕구에 붉은
　당신의 두 입술을 사랑해요.
열정의 불에 사랑-빛이 켜져 있는
　당신의 두 눈을 사랑해요.
따뜻한 하얀 살결로 나를 만지며 다정히 포옹하는
　당신의 두 팔을 사랑해요.
치렁치렁 늘어져서 내 얼굴에 키스하는
　당신의 머리칼을 사랑해요.

나는 숫총각의 무정한 사랑
　그 차갑고, 냉정한 키스는 싫어요.
나는 성자의 창백한 천복이나
　결백한 비둘기의 가슴도 싫어요.
나에게 아주 자유롭게 주고 온 세상의
　비난을 비웃는 사랑을 주세요,
아주 젊고 따뜻한 당신의 몸을 품으면,
　나의 기력 없는 가슴이 확 달아올라요.

그러니 루비색 포도주에 여전히 향긋한,
 따듯이 젖은 입으로 달콤하게 키스해주세요,
그리고 남부의 열정을 타고난 사내답게
 당신의 몸과 영혼이 내 것이라고 말해주세요.
당신의 따듯하고 기운찬 두 팔로 꽉 안아주세요,
 파리한 별들이 하늘에서 빛나는 동안,
생기 넘치는 사랑의 기쁨들에 빠져서
 우리의 젊은 시절을 마음껏 누려보아요.

피곤하네요
Tired

오늘 밤은 피곤하네요, 어떤 소리,
  아마도 바람 소리, 혹은 빗소리에,
아니면 저 바깥 잡목숲에서 우는 새 소리에
  과거와 그 과거의 고통이 떠올랐겠죠.
여기 앉아서 생각에 잠겨 있으니,
  죽어버린 예전 어느 유월의 그 손이
내뻗어서 내 심장의 늘어진 현들을 붙잡아
  끌어당기며 조율을 하는 것 같네요.

오늘 밤은 피곤한데, 당신이 그립네요,
  임이여, 당신이 눈물 나게 보고파서,
가는 당신을 보았던 날이 꼭 오늘 같아요 —
  벌써 몇 년 전에 떠나버린, 당신인데요.
그래서 내가 다시 외로워진 것 같아요 —
  지금도 아주 많이 외로운, 나지만요.
내 심장의 현들이 잘 조율되어,
  그 옛날의 소리를 내지는 않지만요.

피곤한데, 그 예전의 슬픔이
　내 영혼의 침대를 휩쓸고 지나가네요,
마치 요동치는 강물이 느닷없이
　댐의 통제를 벗어날 수 있는 듯이.
그 강물이 제 가슴에 침몰한 난파선,
　눈처럼 하얀 돛의 난파선을 품어가고,
그 손이 내 심장의 현들을 뜯어대네요,
　그 현들은 흐느끼듯 울릴 뿐이지만요.

당신은 어느 쪽인가요?
Which are You?

세상에는 두 부류의 사람이 있죠,
더도 덜도 아닌, 딱 두 부류의 사람이요.

죄인과 성자는 아니에요, 다들 잘 알듯이
선인은 적당히 악하고 악인도 적당히 선하니까요.

부자와 빈자도 아니에요, 사람의 부를 평하려면,
먼저 양심과 건강의 상태를 알아야 하니까요.

겸손한 사람과 오만한 사람도 아니에요, 짧은 인생에서,
허세를 떠는 자는 사람 축에도 못 끼니까요.

행복한 사람과 슬픈 사람도 아니에요, 훌쩍 날아가는 세월이
　모든 사람에게 웃음을 주고 모든 사람에게 눈물도 주니까요.

　다 아니에요, 내가 말하는 세상에서 두 부류의 사람은

받쳐주는 사람들과 기대는 사람들이에요.

당신이 어디를 가든지, 세상의 대중들은 언제나
딱 이 두 부류로 나뉜다는 것을 알게 될 거예요.

그리고 정말 이상하게도, 기대는 스무 명에
받쳐주는 이는 한 명뿐이라는 것도 분명 알게 될 거예요.

그중 당신은 어떤 부류에요? 힘겹게 받치며
애써 길을 내려가는 사람들의 짐을 덜어주나요?
아니면 당신 몫의 일, 걱정과 근심까지
남들에게 떠넘기는, 기대는 사람인가요?

후회
Regret

마음에 자꾸 떠오르는 후회라는 유령이 있죠,
고뇌와 엇비슷한 옷차림의 어슴푸레한 유령인데,
그 슬픈 표정과 영원히 젖어 있는 눈을 보면
다들 알아보듯, 아주 고운 얼굴을 지녔지요.
어떤 가슴도 그 유령을 찾지 않지만, 일단 만나면
모두가 그 유령의 손을 잡고, 이리저리
저 먼 옛날의 길들을 헤매고 다니죠 —
그런 신성한 길들은 잊는 것이 현명한데 말이에요.

언제가 그 유령이 나를 그 잊힌 땅의 정문으로 이끌어
나에게 들어가라고 했는데, 내가 대꾸했죠 "싫어!
난 나의 용감한 동지 운명과 함께 나아갈 거야
너한테 허비할 눈물은 없어 — 시간도 없고 —
내가 올라가고픈 고지를 위해 내 힘을 아낄 거야,
위대해지고 싶은 영혼에게, 넌 이로운 친구가 아니니까."

사랑이 찾아왔어요
Love's Coming

여자는 애인이 전사처럼, 무기들을 부딪치고
  나팔을 불며 찾아오기를 바랐어요.
그런데 애인이 살금살금 다가오는 바람에
  그녀는 그 발소리도 듣지 못했죠.

그녀는 햇살에 눈 부신 갑옷을 입고, 왕자처럼
  말을 타고 와서 청혼하는 애인을 상상했어요.
그런데 깊어가는 밤의 향긋하고 어둑한 빛에 싸여
  애인이 어느새 그녀 곁에 와 있었죠.

그녀는 애인의 야릇하고, 대담한 눈길에
  심장이 두근두근 확 달아오르기를 꿈꿨어요.
그런데 그 얼굴에 그녀가 알고 지낸 친구의
  친숙한 호의가 배어 있었죠.

사납게 다투는 폭풍에 바다가 요동치듯이,
  애인이 와서 영혼을 흥분시켜주길 꿈꿨어요.
그런데 그는 천국 같은 평온과 평화의 향유를

가져와서 그녀의 활력에 관을 씌워주었죠.

삶의 상처
Life's Scars

다들 세상이 둥글다고 말하죠, 그런데
난 가끔 그게 네모져 있다고 생각해요,
그래서 우리가 여기저기 모서리들에
찍혀서 숱하게 자잘한 상처를 입는다고요.
그런데 서쪽으로 나아가는 인생길에서
내가 발견한 엄청난 진실 한 가지 —
정말로 상처 주는 유일한 사람들은
우리가 가장 사랑하는 이들이라는 거예요.

물론, 당신이 아주 경멸하는 사람이
당신의 분노를 돋울 수 있어요.
그냥 남들이 하는 짓들만 봐도
당신의 마음속에서 짜증이 들끓죠.
하지만 그런 건 지나가는 고통일 뿐,
이 규칙은 모든 삶이 증명하지요.
아리고 사무치게 하는 괴로운 상처는
우리가 사랑하는 손에 의해 생기죠.

제일 좋은 옷, 아주 다정한 호의를
남들한테는 종종 선보이곤 하면서,
정작 우리를 대할 때는
무심한 표정, 찡그린 얼굴이죠.
우리는 잘 모르는 이에게 알랑대고,
우리는 잠깐의 손님을 기쁘게 하면서,
우리를 가장 사랑하는 이들에게
수없이 무심한 충격을 가하죠.

사랑이 모든 나무에서 자라는 건 아니고,
진실한 마음도 해마다 꽃을 피우진 않아요.
아 사람들이 무덤을 가로지르는
이 사실을 알기만 해도 좋으련만!
그러나, 조만간, 슬픔의 시험을 통과하는
모두에게 그 사실은 명백해지죠:
우리에게 고통을 주는 유일한 사람들은
바로 우리가 가장 사랑하는 이들이라는 것이요.

최후까지
Ad Finem

타는 숨결로 내 영혼을 태워버린
헛된 열정의 하얀 모가지를
두 손으로 잔혹하게 부여잡고,
죽일 듯이 바짝 움켜잡았어요.
나에게 공허한 절망만 안긴 사랑에게
왜 부채질을 해주고, 연료를 공급해주겠어요?
그래서 단단히 붙잡고, 잔인하게 움켜잡은 —
그 모가지를 졸라서 즉시 죽여버리려고 했죠!

난 죽은 줄 알았어요. 그런데 아무런 경고도 없이,
그게 지난밤에 무덤에서 일어나, 찾아와서
나의 침대 옆에 선 채로 이른 아침까지
당신의 이름을 자꾸자꾸 불러대는 거예요.
내 두 손이 붙잡았던 모가지가 불그스름했죠.
그게 타는 듯한 입김으로 내 이마를 불태웠어요;
그리고 내 눈이 그걸 보는 순간에 난 알았어요,
"이런 사랑은 죽음 따위는 알지 못한다."

잃어버린 아름다운 과거에 당신의 입술이
나에게 선사한 단 한 번의 키스를 위해,
나는 기꺼이 천국에 대한 나의 소망들과
영원의 모든 행복까지 다 넘겨주겠어요.
낙원에서 나의 발치에 눕는 천사들도,
당신의 강력한 품으로 기어들어, 사랑 불-켜진
당신의 눈을 들여다보는 기쁨은 못 누릴 테니까요.

죄를 따지는 방식으로 보면, 이런 생각이
아주 검은 색조의 죄라는 것을 나도 알아요.
하지만 하늘의 권좌 바로 옆에 서 있는
어떤 천사가 오라고 손짓하더라도,
당신이, 지옥문 옆에 쓰러져서,
사랑하는 두 팔을 벌리고 미소하면,
난 기꺼이 천상의 일들을 등지고, 잠시라도
당신의 품에 안기리라는 것도 알아요.

한 시간이라도 당신이 완전히 내 것 —
몸과 영혼으로 내 것, 내 사람 — 이었음을 안다면
난 끝없는 고문들을 달게 받으며,
투덜대지 않고 신음하지도 않을 거예요.
가벼운 죄나 자잘한 잘못은

희망이나 두려움을 통해 성스러워질 수 있겠죠.
하지만 내 사랑을 변하거나 달라지게 하는,
두려움은 없어요, 지옥도 전혀 무섭지 않아요.

늙어가네요
Growing Old

시나브로 한 해가 늙어가네요,
붉은 잎들이 단풍나무 가지에서 떨어지네요.
태양이 어둑해지고, 먼 북극 바다에서
바람이 차갑게 불어오네요.

하늘에서 부드러운 빛이 사라지고,
가을의 음영들이 밀려와서 슬며시 퍼지네요.
벌 소리 새 소리도 이젠 들리지 않네요
숲이나 풀밭에서도, 클로버밭에서도요.

시나브로 우리의 삶도 늙어가지요,
우리의 얼굴도 더는 고와 보이지 않겠죠.
잿빛이 금빛 곱슬머리로 슬며시 스며들고,
두 볼의 홍조도 희미해질 테니까요, 아!

우리의 심금이 울릴 때까지 희망과 환희와
기쁨의 곡조들로 노래해 주었던 새들은
날아가 버렸고, 오늘 우리의 가슴에 들리는

소리는 기괴한 바람의 침통한 가락뿐이니까요.

젊음과 여름, 아름다움과 꽃이
가을 날씨에 축 늘어져서 죽어가네요.
그러나 겨울 무덤의 어둠 속에서,
좋은 시절이 오면, 모두 함께 살아날 거예요.

우리의 축복들
Our Blessings

오늘 사랑의 손가락들로 나를
  어루만지는 햇살 속에 앉아서,
하나님이 하늘에서 대지에 흩뿌려주는
  여러 가지 축복을 생각했어요.
하나하나 헤아려보니, 우리의 값어치나
  필요 이상으로 아주 많았는데,
우리에게 없는 한 가지가 대지를 정말
  천국으로 만들어줄 천사들이더군요.

겨울은 길고, 즐거운 저녁을 데려오고,
  봄은 꽃들의 약속을 상기시키고,
여름은 열매에 숨결을 불어 넣고,
  가을은 기쁜, 금빛 시간을 베풀죠.
숲들은 음악 소리로 메아리치고,
  달빛은 바다에 은물을 들이지요.
우리를 감싸는 햇살과 아름다운 풍경,
  세상이 더할 나위 없이 곱지요.

그러나 필멸의 인간들은 늘 불평하죠!
저마다 자신의 슬픈 운명을 생각하며,
자기 주변의 좋은 것들을 잊은 채,
못 가진 것들을 그리며 한탄하죠.
별이 스팽글처럼 반짝이는 하늘 대신
우리는 발치의 흙을 바라보고,
우리는 씁쓸한 잔을 비우면서
달콤한 잔을 잊어버리지요.

우리는 꽃에 돋은 가시를 한탄하며
그 향기와 꽃을 잊어버리고,
우리는 꽃들의 정원을 지나가다가
무덤의 흙을 보며 울먹이지요.
숲에서 돋아나는 이파리처럼
무수한 축복들이 우리 주변에 있어요 —
우리가 지상의 에덴을 갖지 못한 것은
— 베푸는 신이 아니라 — 우리 잘못이에요.

해리엇 먼로

Harriet Monroe, 1860.12.23~1936.9.26

해리엇 먼로는 1860년 12월 23일에 미국 일리노이주의 시카고에서 태어났다. 어린 시절에 그녀는 변호사였던 아버지의 큰 서재에서 셰익스피어, 바이런과 셸리의 시, 디킨스와 새커리의 소설을 즐겨 읽었다. 촉망받는 젊은 작가로서 그녀는 시인이나 극작가로 성공하고 싶었으나 현실은 그리 녹록하지 않았다. 작품을 발표할 전문지도 거의 없었고, 시를 써서 먹고살기도 힘들었다. 그녀의 재정적 어려움과 새로운 길의 모색에 발판을 제공한 것이 흥미롭게도 시 한 편이었다. 《시카고 트리뷴》의 객원 통신원이었던 그녀는 1892년에 콜럼버스의 아메리카 대륙 발견 400주년을 기념하는 만국박람회 개막식의 낭송시를 청탁받았는데, 그 송시를 《뉴욕 월드》가 동의도 구하지 않고 발표해버린 것이었다. 이에 그녀가 고소해서 합의금으로 받은 돈이 5,000달러였다. 먼로는 이 돈에, 100명의 시카고 사업가를 설득해서 5년 구독료로 50달러씩 선지급 받은 5,000달러를 보태서, 1912년 9월 23일에 시 전문지 《시》(Poetry)를 창간하고, 어떤 시인에게도 문호를 개방한다는 원칙에 따라, 에즈라 파운드, 힐다 둘리틀, 윌리엄 칼로스 윌리엄스, 월리스 스티븐스, T. S. 엘리엇 같은 시인들의 시를 끊임없이 발굴하여 소개함으로써 현대 시의 발전에 크게 공헌하였다. 해리엇 먼로는 『발레리아와 다른 시편』(1892), 『사계절의 춤』(1911), 『당신과 나』(1914) 같은 시집, 여러 권의 평론집과 전기를 남기고, 1936년 9월 23일 《시》 창간 14주년 기념일에 페루의 마추픽추를 오르다가, 뇌출혈로 사망하였다.

기차에서
On the Train

1

객차 안에서 내 앞에 있는 숙녀가,
약간 붉은 곱슬한 머리칼로 두 뒤를 바짝 덮은 채,
그녀의 친구와 이야기하고 있는데,
그녀의 모자를 타조 거품처럼 감싼 둥근 테두리가,
파도처럼 굽이치며,
그녀의 시답잖은 바람 같은 말들에 바들바들 떤다.
대체 무슨 말을 하고 있기에,
그녀의 깃털들이 떨리고
코트의 부드러운 털이 흘러내려서 어깨를 휘덮을까?
진주 목걸이를 도둑맞았나,
아니면 혹시 남편을?

2

저 남자, 그는 취했다 —

왕년의 술고래처럼, 곤드레만드레 취했다.

그가 객차 끝에서 구석에 있는 남자에게 익살스럽게 소리치더니,

나에게 기사처럼 절을 하며 사과한다.

그가 철학을 늘어놓고, 시대의 지혜를 가지고 놀며,

자신의 누더기를 벗어 던져버리고,

자신의 벌거벗은 영혼을 보여준다 —

탄탄하고, 아름답고, 기괴한 영혼을.

좋은 때가 오면,

남자들이 더 이상 술을 마시지 않을 때가 되면,

혹시 니체의 영혼이 그의 신이 사는 성전에서

벌거벗은 채 자유롭게

춤추는 모습을 볼 수 있을까?

3

여인이 웃으면서 차 안으로 들어온다

아이들의 무지갯빛 거품을 문 채.

그녀가 촘촘하고 편안한 자리에 앉아 활짝 피어난다

마치 돌 사발에서 피어난 수선화처럼.

그녀가 무릎에 앉은 아기에게 나직이 노래한다 —

나무들이 흔들흔들 다가와서 귀를 기울이다가 지나가고,

천장의 전등들은 별들이다.

블루 리지
The Blue Ridge*

조용히 고요히,

왕처럼 보라색 옷을 입고,

나직이-누운 산들이 세상의 끝에서 잠을 잔다.

숲들이 그 산들을 망토처럼 휘덮고,

낮과 밤이

그 산들에 밀려드는 파도처럼 오르내린다.

잠든 채, 그 산들은 다스린다.

조용히, 모든 것을 전한다.

나를 달래다오, 오 잠든 산맥이여 —

나에게 꿈들을 보내다오.

---

*   미국 남동부 애팔래치아산맥의 일부.

만남
The Meeting

두 황소가 끄는 수레와 자동차가
긴 붉은 길 위에서 마주 서 있었다,
그 긴 붉은 길은 비좁은
언덕 모퉁이에 있었고,
그 밑에서는 햇살에 춤추는 강이
거품을 일으키며 바위들을 넘어가고 있었다.

그 온순한 짐승들은 나란히 서서, 되새김질하고 있었다.
산에서 내려온 덥수룩한 수염의 남자가,
그의 수레보다 녹슨 모습으로,
꿈쩍하지 않은 채 거만한 기사를 쳐다보았다.
누더기를 걸친 어린 소녀가,
볕에 탈색된 머리칼을 하고,
딱딱하게 굳은, 노란-가루 포대에 앉아,
숙녀들의 산뜻한 자동차용 모자와
산들바람이 만지작거리는
그들의 시폰 스카프를 건너다보았다.
그 거만한 운전사가 경적을 울렸다,

그러나 아무것도 움직이지 않았다 —
거품을 일으키며, 햇살에 춤추는 그 밑의 강물 외에는.

이윽고 그가 머리를 홱 젖히고,
핸들을 돌리자,
천천히, 조심스럽게,
자동차가 긴 붉은 길에서 뒤로 움직였다.

마침내 그 온순한 짐승들이 발을 뗐고,
덥수룩한 수염의 남자가 고삐로 툭 쳤고,
누더기를 입은 어린 소녀가 눈앞의 언덕을 쳐다봤고,
두 황소가 끄는 수레가 긴 붉은 길을 느릿느릿 뒤뚱뒤뚱 나아갔다.

황혼 무렵에
At Twilight

당신은 화가예요 — 들어보세요 —
나도 당신한테 그림을 그려줄게요!
미시간 애비뉴를 반짝반짝
비추는 기다란 하얀 불빛들에,
중앙로를 따라 젖은 거울처럼
빛나는 붉은 불빛들로요,
그 사이에 내리는 비 - 현으로 이어진 하늘은 마치
바람이 만지며 애태우는 바이올린 같죠.
보세요! 아득한 동쪽의 거대한 공간들이
반반한 호수 위에서 만났네요,
거기서는 불 켜진 배들이 얼굴을 가린 채
깨어난 유령들처럼 슬며시 나아가고,
그 위의 높은 허공에서는
비에 맞아 가물거리는 빛이,
거대한 고층-건물들처럼 맴돌며
저만의 한밤 별들을 펼쳐놓지요.
오, 도시가 보라색 가운
옷자락의 금빛 술을 질질 끌며,

저만의 상업-성들을

보석-박힌 왕관처럼 쳐드네요.

보세요, 자랑스럽게 도시가 노래하며,

폭풍에 흐려진 시간의 궤도를 따라 나아가요 —

작은 불빛이 저마다

불붙은 영혼처럼

밤을 비추는

어둡고 무서운 길을 따라서!

오, 당당하게 도시가 행진하며, 자신의

선물들을 우리의 발치에 내던지며, 노래하네요!—

내가 내 운문으로 일종의 밑그림을 그려냈지요?

물까마귀
The Water Ouzel

산속의 작은 갈색 파도-타기 선수!

추락하는 물속에서 날개를 흔드는, 거품의 정령, 폭포수의 연인!

급락하는 네바다 — 가느다란 하얀 손가락으로 더듬으며 나아가는,

늘씬한 춤꾼, 네바다 — 의 굉음과 쇄도가 두렵지 않니?

어떻게 감히 강력한 요세미티 — 절벽을 넘어 아래로, 아래로

뛰어내리는, 커다란, 하얀 수족의 요세미티에 달려들 수 있을까?

산속의 푸른 공기에 기대는 것으로는 충분하지 않니?

바위들을 껴안은 덤불 속의, 수목한계선에서 너의 짝과 함께 쉬는 것으로는 충분하지 않니?

무더기로 쌓인 화강암이 깨부수는 광란의 폭포를 헤치고 날아야만 하니?

그 급류 속에서 너의 날개를 퍼덕거려야만 하니?

생사를 걸고 그 거품 속으로 뛰어들어야만 하니?

정원
The Garden

언덕 아래 숨어서,
질질 끌리는 옷과 뒤엉킨 녹색 베일들을 걸치고,
작고 초췌한 얼굴만 겨우 드러낸 채,
정원이 수줍게 아쉬운 듯이 누워서,
떠나가는 여름 때문에 속이 타는 양,
작은 분수를 허공으로 내뿜어 똑똑 노래하고 있었다.
그리고 숨죽인 채, 고요히,
클레마티스가 정월을 휘덮고 있었다
마치 이른 눈처럼.

루벤스
Rubens

여기 있네요, 당당하고 노련한 관능주의자!

그리고 파리스에게 각자의 매력을 과시하는 세 여신도 있네요.

당신에게는 모두가 하나였죠 — 여신들, 성인들, 궁녀들이 —

당신의 세계는 온통 육체의 곡선들 마치 조가비처럼 반복되는 돌돌 말리는 곡선들이었죠.

성모 마리아도 거의 비너스를 멋지게 복제한 듯했고,

천사들도 요정들처럼 관능적일 수 있었어요.

당신이 그린 것은 풍요로운 옛날의 화려한 세상이었어요 —

성체든 성직자든, 뭐가 중요하겠어요! — 궁전이든 교회든!

당신은 멋지고, 영광스러운 시간을 보냈어요! —

그리고 의심할 여지가 없이 숙녀들은 당신을 사랑했어요.

태초에
In the Beginning

햇빛이 파도를 만났을 때,
 사랑이 태어났다.
이윽고 비너스가 떠올라
 쓸쓸한 세상을 구했다.

펼쳐진 수많은 기쁨의
 날개들이 빛을 받아서,
얼음처럼 차가운 세상을
 숱한 금빛 원으로 묶었다.

이내 색깔이 즐거운 욕망으로
 대지를 활활 타오르게 했고,
마침내 불이 불에 응답하며
 생명이 태어나기 시작했다

그렇게 세상이 깨어났고,
 만물이 형성되었다,
바다가 태양에게

말을 걸었던 태초에.

멜로디
Melodies

아기의 발이 타닥타닥
마루를 내딛는 소리,
문 앞에서 옹알거리는 소리 —
아, 너무나 달콤한, 너무나 달콤한 소리들!
파란 하늘아, 눈물 흘리지 않게 해다오!
부드러운 여름 바람아, 내 귀를 막아다오!
타닥타닥 아기 발소리,
재잘거리는 소리 — 오, 너무나 다정하고 달콤한 소리!

배의 난간에서
At The Ship's Rail

파란 바다가 배로 몸을 수그린다
마치 레이스 장식의 치마를 입은 춤꾼처럼 —
격렬한 바람의 포옹에
돌돌 감겨 오르내리는 아주 얇은 레이스.

작은 무지개들이 쇄도하며 장난치다가
햇살에 젖어 기쁘게 사라진다.
그사이에 하늘과 바닷속에서, 길고 밝은 낮이
반짝이는 발걸음으로 내달린다.

바다 위에서 춤추는 그 소리가
사랑스럽고, 흥겹다.
그 하얀 옷자락이 슬슬 끌리다가
달아나는 파란 파도들에 확 젖혀진다.

에이미 로웰

Amy Lowell, 1874.2.9~1925.5.12

에이미 로웰은 1874년 2월 9일 매사추세츠주의 브루클린에서 태어났다. '보스턴 상류층'으로 불린 로웰 가문 출신으로, 큰오빠 퍼시벌은 유명한 천문학자였고 작은 오빠 애벗은 하버드대학교의 총장까지 지냈으나, 그녀는 매우 보수적인 가족의 반대로 대학에 진학하지 못하고 엄청난 독서와 집착에 가까운 책 수집으로 그 결핍과 갈증을 채웠다. 재력가의 딸이자 사교계의 명사로 군림한 에이미 로웰은 1912년에 연인 사이였던 여배우 에이더 러셀과 영국을 여행하다가 에즈라 파운드를 만나고부터 이미지즘운동에 가담한다. 네 권의 이미지스트 선집 중 파운드가 엮은 첫 권을 빼고 나머지 세 권이 그녀의 투자와 주도로 출간되었는데, 파운드는 자기 일을 빼앗겼다는 생각에 이미지즘을 에이미지즘(Amygism)으로 부르며 비아냥거리기까지 하였다. 어쨌거나, 이미지즘운동은 금시에 쇠퇴의 길로 접어들었고 에이미 로웰도 거의 잊히다시피 하였으나, 1970년대의 여성운동과 여성 연구에 힘입어 다시 빛을 보게 되었다. 로웰은 이미지스트들을 만나기 전에 출간한 처녀시집 『다색 유리의 둥근 지붕』(1912)을 비롯하여, 『칼날과 양귀비 씨앗』(1914), 『캔 대공의 성』(1918), 『부유하는 세계의 영상들』(1919), 『전설』(1921) 등의 시집을 냈고, 이태백 같은 중국 시인들의 시를 번역했으며, 로웰 자신이 최초의 이미지스트로 규정하고 존경해 마지않은 존 키츠의 생전 원고들과 문서들을 수집하여 방대한 분량의 전기 『존 키츠』(1925)를 출간하였다. 1926년에 로웰은 사후에 출간된 시집 『몇 시에요』(1925)로 퓰리처상을 받았다.

4월
April

새 한 마리가 오늘 아침 나의 창가에서 지저귀더니
하늘에 섬세한 그물모양의 구름이 드리워지네요.
어서요,
함께 야외로 나가요
내 가슴이 막 알을 낳을 듯한 물고기처럼 뛰어요.

너도밤나무 아래 누울래요
너도밤나무의 잿빛 가지들 아래,
푸르스름한 꼬마 해총*과 크로커스밭에요.
꼬마 해총밭에 누워서
이 터질듯한 아름다움을 낳을래요
그래서 태어난 그것이 나를 사랑하는 당신에게
기쁨이 되었으면 좋겠어요.

---

* "해총"은 백합과의 다년생 식물. 지중해 지방이 원산지로, 해총의 뿌리는 이뇨제로 이용된다.

부재
Absence

오늘 밤 나의 잔은 텅 비었다
잔의 옆면도 차갑고 메말랐다
열린 창문으로 들어온 바람에 식어서.
텅 비어 허전한 잔이 달빛에 하얗게 반짝인다.
방 안은 등나무꽃의 야릇한 향기로
가득하다.
꽃들이 환한 달빛에 젖어서 흔들흔들
똑똑 벽을 두드린다.
하지만 내 마음의 잔은 고요하다
차갑고, 텅 비었다.

당신이 오면, 그 잔이 피로
붉게 넘치며 찰랑거리련만,
그 심장의 피를 마신 당신의
입 안에 한 영혼의 사랑과
씁쓸-달콤한 맛이 가득 퍼지련만.

빨간 슬리퍼
Red Slippers*

가게-진열창 안에는 빨간 슬리퍼, 그리고 바깥 거리에는 회색 돌풍, 바람에 날리는 진눈깨비!

잘 닦인 유리 뒤에, 슬리퍼들이, 마치 핏방울 무늬의 종유석처럼 천장에서 늘어진, 기다란 붉은 실들에 매달린 채, 뚝뚝 듣는 핏빛으로 행인들의 눈을 가득 채우며, 택시와 시가전차 창문들에 진홍색 반영들을 꾸역꾸역 밀어 넣고, 소리소리 지르며 암적색과 연어 빛깔을 진눈깨비의 이빨 속으로 쑤셔 넣고, 작고 둥그스름한 적갈색 빛 방울들을 우산들 위에 통통 떨어뜨린다.

죽 늘어서서 하얗게 반짝이는 가게 정면들이 깊숙하게 갈라져서 피를 흘리고 있다, 빨간 슬리퍼들이 피를 흘린다. 슬리퍼들이, 부드럽게 동요하는 전기 불빛을 받아서, 뜨거운 빗방울을 분출하고 — 다시 빨간 슬리퍼들로 얼어붙어, 진열창 거울 속에서 무수히 늘어난다.

마치 진홍색으로 옻칠한 출렁다리 같은 아치형 발등 위에서 균형을 잡는 슬리퍼. 마치 바람-주머니에 빨려

---
* 연작시 『다색의 도시』(*Town in Colors*) 중 1편.

들어가 빙빙 도는 풍금조 같은 곡선의 굽을 타고 들떠오르는 슬리퍼. 빨간 로켓에, 마치 7월의 연못들처럼, 굽을 잃고, 평평해져서, 빨갛게 빛나며 번들거리는 슬리퍼.

딸가닥, 딸가닥, 슬리퍼들은 하얀색의, 단조로운 상점가 가게들 안에 있는 다홍색의 멋들어진 불꽃들이다.

슬리퍼들이 쩌렁쩌렁 수십억의 주홍색 트럼펫 소리를 바깥의 군중 속으로 왈칵 쏟아내어, 아련한 장미 소리가 인도 곳곳에 메아리친다.

사람들이 서둘러 지나간다, 이것들은 그냥 신발일 뿐이고, 더 아래로 내려가면, 한 진열창 안에서 판지로 만든 커다란 연꽃봉오리의 꽃잎들이 몇 분 간격으로 활짝 피어나, 그 꽃 의자 속에 어색하게 앉아서, 말똥말똥 쳐다보는 구슬 눈과 아마 빛깔 머리칼의 밀랍 인형을 보여주기 때문이다.

신발이야 자주 보았겠지만, 누군들 판지 연꽃봉오리를 보았으랴?

회색 돌풍, 바람에 날리는 진눈깨비가 오로지 빨간 슬리퍼들밖에 없는 가게-창문들을 두드린다.

밤과 잠
Night and Sleep

낮이 노란 실내화를 신고서 쉰다. 전기 간판들이 서로서로 따라 나와, 가게 정면들을 따라서 환하게 반짝거린다. 하늘이 흐릿해지면서, 간판들이 커지고 커져서, 불-꽃의 무늬들로 피어난다. 차분한 밤의 얼룩덜룩한 불빛 속에서 장사꾼들이 소리친다. 눈을 반짝거리며 팔꿈치로 찌르고, 낚아채는 새로운 연극의 시작. 길 건너편에서, 한 시계상의 비스듬한 은색 간판이 길게 늘어져서 또 다른 거리에 풍덩, 퐁당, 나풀나풀. 거대한 머그잔의 맥주가 거품을 일으키며 대기로 변해 한 커다란 건물을 넘어간다. 그러나 하늘이 높고 저만의 별들을 품고 있는데, 왜 하늘이 우리의 별들에 마음 쓰랴?

나는 잽싸게 도시를 떠난다. 바퀴들이 빙글빙글 돌면서 나를 다시 나의 나무들과 나의 고요로 데려다준다. 나에게 부는 산들바람이 갓-씻긴 듯이 깨끗하다, 높은 하늘에서 방금 도달해서. 아직은 꽃들이 피어나지 않았지만, 내 정원의 흙이 튤립 향기 수선화 향기를 알아챈다.

나의 방은 평온하고 정겹다. 창밖으로 아득한 도시, 반짝거리는 보석들의 띠, 줄기 없는 작은 화관들이 보인다. 맥주 유리잔도, 내가 지나쳤던 음식점들과 가게들의 간판 글자들도 보이지 않는다. 이제는 간판들이 흐릿해져서 다 같이 도시를 이룬 채, 맑은 날씨의 밤을 붉게 물들이고 있다. 마치 봄을 기다리며 꿈틀꿈틀 부풀어 오르고 있는 정원처럼.

밤이 갓-씻긴 듯이 맑고 공기에서 확 풍겨오는 꽃들의 향기.

라벤더색의 이불아, 나를 꼭 감싸다오. 너의 푸른색 자주색 꿈들을 나의 두 귀에 쏟아부어다오. 산들바람이 덧문에 대고 속닥속닥 기이한 이야기들을 속삭거린다, 옛이야기, 자갈길들, 그리고 저마다 말을 타고 대리석 계단을 펄쩍펄쩍 내려가는 청년들에 대해서. 연푸른 라벤더, 너는 갓-씻긴 듯이 맑은 날의 하늘 색깔 …… 나는 별들의 향기를 맡는다 …… 별들이 꼭 튤립과 수선화 같다 …… 나는 공기에서 그 꽃향기들을 맡는다.

오리엔테이션
Orientation

기숙-학교의 젊은 숙녀들이 바람을 쐴 때면,

서로 짝을 지어, 저마다 홍조처럼 빨간 양산을 들고 해를 가린 채 거닌다.

내 창문에서 보면 그들이 마치 움직이는 장미 화단 같아서, 누가 누군지 구별할 수가 없다.

내가 밤에는 꿈꾸고 낮에는 가로 2인치에 세로 3인치의 네모난

작은 상앗빛 도화지에 그림을 그리는

한 젊은 사람이 있다. 누가 그녀일까? 눈에 보이는 모든 양산 중에서 어떤 것이,

스무 개의 세밀화에서 나를 물끄러미 쳐다보며,

내 기쁨의 일편단심을 혼란스럽게 만드는, 그 명랑하고, 놀리는 듯한 얼굴을 휘덮고 있을까?

당신도 내 창문을 잘 알잖아요 — 모퉁이에서 네 번째에요.

아, 당신도 알잖아요.

양산을 이쪽으로 살짝 기울여보세요, 부탁이에요,
그리고 아기자기하게 줄지어 거리를 산책하는
얌전한 젊은 숙녀들의 행렬을 향해 내가 드리는
아주 예의 바른 절을 당신이 직접 받아주세요.
실은, 내가 당신의 양산 밑을 본 적이 없어서,
나의 세밀화들이 서로 전혀 닮지 않아서 그래요.

당신이 단추-구멍 부케처럼 당신의 모습을 뽑아서,
언제든 나의 얼굴 앞에서 양산을 쳐들고,
해를 보며 — 아니면 나를 보며 — 웃는 당신의
모습을 꼭 보여주세요. 그러면 내가 스무 개의
세밀화에서 당신을 가장 닮은 하나를 선택하고
나머지는, 나랑 더 이상 관계없을 테니, 다 없애버릴
게요.

파란 스카프
The Blue Scarf

드높은 천정처럼 파란 바탕에, 희미하게, 은빛이 감돌고 매끌매끌한

연속무늬에, 거뭇한 매듭 장식 테두리의, 부드러운 물건이 저기 놓여 있다

한 여자의 부드러운 양어깨와 거의 딱 붙어서, 어루만지는 내 손가락들에 따뜻해져서.

그것을 썼던 여자, 그녀는 어디에 있나? 그 여인의 향기가 머뭇거리다가 나를 마비시킨다!

나른함이, 마치 불을 지핀 듯, 내 몸에 퍼지고, 나는 그 스카프로 내 얼굴을 뭉개며

그 온기와 파란빛을 들이켜고, 내 눈은 시원한 색조의 하늘에서 헤엄친다.

대리석 기둥들과 마름모꼴의, 햇살-깜박이는 포도가 나를 둘러싸고 있다.

장미-꽃잎들이 날려서 후두두 포도에 떨어진다. 돌계단 밑에서 띵-띵 울리는 류트 소리.

파란빛의 고운 옥 항아리가 그림자를 드리워서 바닥을 반이나 휘덮는다. 배불뚝이 개구리

한 마리가 햇살 속으로 뛰어가다가 수반의 금빛-보글거리는 물속으로 풍덩 뛰어들어,

거무스름하게 하얀 대리석 속으로 가라앉았다. 서풍이 바로 내 옆자리에 있던

스카프를 들어 올렸는데, 그 파란빛이 광포한 격분의 색 같다.

그녀가 그 스카프를 몸에 더 바짝 휘감자, 조금만 꿈틀해도 스카프가 잔물결처럼 일렁인다.

그녀의 키스는 불처럼 얼얼한 새싹 같고, 나는 그녀에게 맞불을 놓는

단단하고 하얀 보석, 줄기에 맺혀 타오르는 꽃이다가, 결국 나는 한 줌의 재로 부스러지고,

다시 뜬 나의 눈에 오후의 햇살에 젖어 파랗게 빛나는 스카프가 들어온다.

방이 텅 비고 혼자 있을 때면 시계들은 어찌나 시끄럽게 똑딱거리는지!

폭격
The Bombardment

느릿느릿, 힘없이, 비가 방울방울 도시에 내린다. 비가 성 요한의 조각 두상에 잠시 머물렀다가, 다시 미끄러진다, 미끄러져서 그의 돌 외투에 똑똑 떨어진다. 비가 이무깃돌*의 납 도관에서 절벅절벅 튀겨 나와, 대성당 광장의 바닥 돌들에 소란하게 떨어진다. 사람들은 어디에 있나, 웬 번개무늬 뾰족탑이 하늘에서 획획 지나다니나? 꽝! 그 소리가 비를 겨누어 친다. 다시, 꽝! 그 후에는, 낙수 홈통으로 쇄도하는 물소리와 이무깃돌의 주둥이에서 나오는 소란한 물소리뿐. 정적. 잔물결이 속닥거리는 소리. 꽝!

방은 축축하지만, 따듯하다. 난로 불빛에서 작은 섬광들이 떼지어 몰려든다. 샹들리에가 번지르르 빛나고, 루비 송이들이 장식선반에 놓여 있는 보헤미아 유리잔들로 뛰어든다. 그녀의 두 손은 안절부절못하지만, 숱 많은 하얀 머리칼은 아주 조용하다. 꽝! 쉼 없이 괴롭힐

---

* "이무깃돌"(석누조)는 고딕건축에서 볼 수 있는 이무기 머리 모양의 낙숫물받이.

모양이군, 이렇게 반복하는 꼴을 보니! 꽝! 진동에 장식 선반에 놓여 있던 유리잔 하나가 박살 난다. 그 잔이 모양 없이 널브러져 반짝반짝, 무늬를 잃고서 온통 심홍색의 미광을 발했다, 흐르는 듯이 붉은, 피처럼 붉은색을 흩뿌렸다. 가느다란 종-소리가 정적을 꿰찌른다. 한 문이 삐걱거린다. 노부인이 말한다. "빅터, 저 깨진 잔 좀 치우게!" "아아! 마님, 저 보헤미아 유리잔이요!" "그래, 빅터, 100년 전에 나의 아버님이 사 오셨지 —" 꽝! 방이 흔들린다, 종복이 바들거린다. 또 다른 술잔이 와들와들 떨다가 부서진다. 꽝!

　보들보들, 흘러내리는 비가 창유리를 치며 와삭거리고, 그는 부딪혀서 속닥거리는 그 빗소리에 갇혀있다. 안에 있는 것은 그의 촛불, 그의 의자, 그의 잉크, 그의 펜과 그의 꿈들. 그는 생각에 잠겨 있고, 햇살들이 벽들을 뚫고서 연녹색 이파리로 스르르 들어간다. 분수가 푸른 하늘로 물을 뿜어 올리고, 수반에 후두두 떨어지는 물 사이로 차가운 나뭇잎들을 헤치며 느릿느릿 떠가는 구릿빛 잉어가 눈에 들어온다. 삼나무에 깃든 풍금이 구슬프게 속삭이자, 단어들이 그의 뇌 속으로 날아들어, 보글거리더니, 무지갯빛의 불꽃들처럼, 점점 높이 급등한다. 꽝! 화염-불꽃들이 그 꽃들의 가느다란 줄기들을 덥석 문다. 분수가 흩어진 물을, 띄엄띄엄 이어진 긴 창처럼 밀어 올렸다가 땅에 내팽개쳐서 퍼뜨린다. 꽝! 이윽고 남은 것은 오로지 그 방, 그 의자, 그 초와 미끄러지는 비뿐. 다시, 꽝! — 꽝! — 꽝! 그가 손가락으로 귀를 틀어막는다. 그가 시체들을 보고는, 깜짝 놀라서 비명을 지른다. 꽝! 밤이 오니, 저들이 다시 도시를 폭격하고 있다! 꽝! 꽝!

한 아이가 깨어나 겁을 집어먹고, 어둠 속에서 운다. 무엇이 침대를 흔들었지? "엄마, 어디에 있어요? 나 깨어났어요." "쉿, 아가, 나 여기 있다." "근데 엄마, 아주 이상한 일이 일어났어요, 방이 흔들렸어요." 꽝! "오! 저게 무슨 소리죠? 무슨 일이에요?" 꽝! "아빠는 어디 계세요? 저 너무 무서워요." 꽝! 아이가 흐느끼며 비명을 지른다. 집이 흔들흔들 삐걱거린다. 꽝!

증류기들, 어항들, 관과 유리병들이 산산이 부서져 널브러져 있다. 그의 모든 실험 도구들이 마루 곳곳에서 줄줄 새고 있다. 그가 외로이, 절박하게, 일말의 희망을 품고 선택했던 삶이 다 사라져버렸다. 파괴된 실험실의 지친 남자, 그것이 그의 이야기였다. 꽝! 어둠과 무지, 그리고 취한 짐승들의 장난. 뱀처럼 대지를 기어

다니다가, 끈적끈적한 꼬리만 남겨두는 질병들. 그것들의 사체를 파묻는 사람들의 통곡. 창밖을 보니 흔들거리는 뾰족탑이 눈에 들어온다. 불붙은 포탄 하나가 지붕 납 판자에 떨어져, 치솟는 불꽃에 하늘이 산산이 조각난다. 조각물들이 지그재그로 들락날락하는 석조 레이스 장식 뒤의 첨탑 위로, 불길이 용솟음친다. 그 불길이 이무깃돌에서 노란 밀처럼 분출해서, 성 요한의 머리를 뚤뚤 휘감아, 그에게 원광을 씌운다. 그 불빛이 밤으로 뛰어들다가 비에 부딪혀 쉿쉿거린다. 대성당이 마치 하얗게 젖은 밤에 불타는 물감 같다.

꽝! 대성당이 마치 횃불인 양, 바로 옆의 집들이 불타기 시작한다. 꽝! 장식선반에는 보헤미아 유리잔이 더 이상 남아있지 않다. 꽝! 한줄기 불길이 붉은 능직 커튼에 들러붙어 요동친다. 노부인은 걷지를 못한다. 그녀가 살며시 다가오는 불줄기를 바라보며 숫자를 센다. 꽝! ― 꽝! ― 꽝!

시인이 거리로 뛰어들자, 비가 은빛의 엷은 막으로 그의 몸을 감싼다. 그러나 그것은 금실에 진홍색 구슬들이 흩뿌려진 빗줄기. 도시가 불탄다. 전율하며, 꽂고, 찌르고, 휘감아, 흐르면서, 불길이 내달린다. 지붕들과 가게들과 노점들을 타고 넘는다. 그 금빛 물감으로 하늘을 문질러대면서 불이 춤춘다, 불-창으로 문들을 꿰뚫고 들어가서, 마루들을 할퀴며 식식대고 낄낄거린다.

아이가 다시 깨어나 창가에서 나풀거리는 그 노란 꽃잎의 꽃을 보고 비명을 지른다. 불꽃의 자그마한 붉은 입술들이 천장 들보를 따라 기어간다.

노인이 부스러진 실험 도구들 사이에 앉아서 불타는 대성당을 바라본다. 거리로 사람들이 몰려들고 있다. 그들이 은신처를 찾아서 지하실들로 우르르 몰려 들어간다. 그들이 소리치고 아무개를 부르고, 온 누리에 느릿느릿 힘없이, 비가 방울방울 도시로 내린다. 꽝! 다시, 꽝! 빗물이 낙수 홈통들을 따라서 쇄도한다. 불길이 으르렁대다가 속닥속닥. 꽝!

무늬
Patterns

나는 정원 길을 따라 걸어간다
수선화들이 모두 활짝
피어나고, 밝은 파란색 해총들.
나는 빳빳한 양단 장식의 가운차림으로
무늬 진 정원 길을 따라 걸어간다.
머리에 분을 바르고 보석 박힌 부채를 드니
나 역시 희한한
한 무늬. 그렇게 나는 정원 길을 따라
배회한다.

내 옷에도 화려한 무늬가 가득,
옷자락이
자갈에, 화단 테두리의
아르메리아*에
연분홍 얼룩을 묻힌다.

---

* "아르메리아"는 앵초목 갯질경이과의 쌍떡잎식물로 여러해살이풀. 영국에서는 바닷가에서 자란다고 해서 '시 핑크(sea pink)'라고 부른다. 분홍색, 연한 자주색, 흰색의 작은 꽃이 둥글게 모여 핀다.

바로 요즘 유행복으로 멋을 내고

하이힐의, 리본 달린 신발을 신고서 뒤뚱뒤뚱.

내 몸 어디에도 부드러운 것은 없고

고래-수염과 양단뿐.*

그래서 나는 참피나무 그늘에 놓인

벤치에 털썩 앉는다. 나의 열정이

빳빳한 양단에 부딪혀 싸우는 통에.

수선화와 해총들이

산들바람에

멋대로 나부낀다.

문득 눈물이 나온다

참피나무에 꽃이 피었는데

작은 꽃송이 하나가 내 가슴에 떨어졌다고.

대리석 분수에서

물방울들이 절벅절벅

정원 길로 떨어져 내린다.

똑똑 듣는 소리가 그치지 않는다.

나의 빳빳한 가운 속에 숨어 있는

---

* "고래수염"은 예전에 옷을 빳빳하게 만들 때 썼으며, "양단"은 여러 가지 무늬를 넣어서 금색 은색의 명주실로 두껍게 짠 고급 비단을 말한다.

여인의 부드러움이 대리석 수반에서 목욕을 한다
아주 무성하게 자란 산울타리 숲속의
수반이라서, 그녀의 숨어 있는 연인이 보이지 않지만
그 사람이 근처에 있다고 상상하니
흘러내리는 물줄기가
마치 자신의 몸을 어루만지는
임의 손길 같다.
고운 양단 가운 속에 숨어 있는 여름!
그것이 무더기로 땅에 널브러져 있는 모습을 보았으면.
온통 연분홍으로 땅에 구깃구깃 쌓인 무더기로.

내가 그 길을 따라 달아났을 적에 나는 연분홍이었고
그이는 나의 웃음소리에 갈팡질팡
넘어질 듯 쫓아오곤 했지.
그의 칼자루와 구두 죔쇠에서 번쩍이던 햇살이 다시 보이면 좋으련만.
나는 그이를
그 무늬 진 길을 따라 한 미로로, 묵직한 장화를 신은
나의 연인을 잡으려고 밝게 깔깔거리던 그 미로로 이끌곤 했지.
결국 그이가 응달에서 나를 붙잡아
와락 껴안는 바람에 그의 조끼 단추들이 내 몸을 상

처 내서

아리고 얼얼했지만, 두렵지는 않았지.

나뭇잎과 달맞이꽃의 그림자들

그리고 물방울들이 퐁당거리는 소리가

그 환한 오후에 우리를 온전히 감싸줬는데 ―

지금은 꼭 기절할 것 같다

이 양단의 무게에 눌려서,

햇살이 그늘을 헤집고 새어들어서.

떨어진 그 꽃송이 아래

나의 가슴속에

숨겨놓은 편지 한 통이 있다.

오늘 아침에 공작이 보낸 기병이 나에게 가져다준 편지였다.

"아가씨, 애석하게도 하트웰 경*이 지난주 목요일 전투 중에

사망하셨다는 소식을 전합니다."

그 소식을 하얀 아침 햇살 속에서 읽었는데

글자들이 마치 뱀 떼처럼 꿈틀거렸다.

---

* "하트웰 경"(Lord Hartwell)은 1708년 플랑드르에서 벌어진 전투에서 전사한 영국의 귀족이다. 따라서 이 독백의 화자는 시인 자신(에이미 로웰)이 아니라, 하트웰 경의 약혼녀인 셈이다. 이 시는 1915년 플랑드르에서 또 치열한 전투가 벌어지고 있는 상황에서 지어졌다.

"아가씨, 무슨 답장이라도," 하인이 물었다.

"아니," 내가 그에게 말했다.

"전령에게 음식이라도 먹여서 보내.

답장은 없어, 없다고."

그러고는 정원으로 걸어가서

무늬 진 길을 오르락내리락했다

나의 빳빳하고 반듯한 양단 옷차림으로.

파란 꽃 노란 꽃들이 햇살 속에서 자랑스럽게 서 있었다

송이송이.

나 역시 곧추서 있었다

내 가운의 빳빳함에

단단한 무늬로 굳어진 듯이.

나는 오르락내리락했다

오르락내리락.

한 달 후면 내 남편이 되었을 사람인데.

한 달 후면, 여기, 이 참피나무 밑에서

우리가 저 무늬를 깨뜨렸을 텐데.

그이는 나에게, 나는 그이에게

그이는 대령으로, 나는 부인으로

이 그늘진 벤치에 앉아서.

그이는 엉뚱스럽게
햇살이 축복을 내릴 거라고 그랬지.
"말씀대로 되겠지요," 내가 그리 답했는데.
이제 그이는 죽고 없다.

여름에도 겨울에도 나는
저 무늬 진 정원 길을
나의 빳빳한 양단 가운 차림으로
오르락내리락하리라.
해총도 수선화도
기둥을 댄 장미에게, 과꽃에게, 눈꽃에게 자리를 내주리라.
나는 계속
오르내리리라
나의 가운차림으로.
화려하게 차려입고서
고래수염처럼 빳빳하고 단단한 옷으로.
결국 내 몸의 부드러움은 단추의, 후크의, 레이스의
포옹으로부터 안전하게 지켜지리라.
나를 풀어 줄 남자가 죽었으니
플랑드르에서 공작과 싸우다가
전쟁이라는 무늬에 갇혀서.

제기랄, 무늬가 뭐라고?

꽃잎
Petals

인생은 우리의 마음 꽃을
한 잎 두 잎 흩뿌린
냇물 같다.
꿈속에서 목표를 잃은 채,
그 잎들은 우리의 시야를 지나 둥둥 떠가고,
우리는 그 잎들의 기쁘고, 이른 시작을 지켜볼 따름이다.

희망에 차서,
기쁨에 붉어져서,
우리는 피어나는 우리의 장미꽃잎들을 흩뿌린다.
그 꽃잎들이 얼마나 펼쳐질지,
그 꽃잎들이 어떻게 쓰일지,
우리는 결코 알지 못하리라. 그새 냇물이 흘러가며
꽃잎들을 휩쓸어간다,
모두가 사라져서
하염없이 무한의 길로 들어가 버린다.
우리 홀로 머물러 있는 사이에

세월은 서둘러 지나간다,

향기는 아직 남아있지만, 꽃은 떠나고 없다.

현대적 주제에 관한 스물네 편의 하이쿠
Twenty-Four Hokku On A Modern Theme*

1

다시 미나리아재비,
내 정원의 하늘색 파란 꽃.
그것들은, 적어도, 변하지 않았다.

2

왜 내가 너를 아프게 했을까?
너는 창백한 눈으로 나를 보지만,
이것이 나의 눈물인데.

---

* 하이쿠(배구)는 5、7、5의 3구 17자로 이루어진 일본 특유의 단시로, 특정한 달이나 계절의 자연에 대한 시인의 인상을 묘사하는 서정시.

3

아침과 저녁 —
하지만 우리도 오래전 언젠가는
갈라지지 않았는데.

4

나는 많은 말을 듣는다.
내가 와도 좋은 시간을 정하든가
아니면 조용히 있으시오.

5

유령 같은 새벽에
나는 당신의 귀에 들려줄 새 말들을 쓴다 —
지금도 당신은 잠을 자지만.

6

이제야 마침내 아침이다.
차가운 색깔의 꽃들 너희도 나에게
아무 위안이 안 되는가?

7

나의 눈이 피곤하다
어디든 너희를 따라다니느라.
짧은, 오 짧은 날들이여!

8

꽃이 떨어지면
잎은 더 이상 소중하지 않다.
매일 나는 두렵다.

9

당신이 미소할 때조차
슬픔이 당신의 눈 뒤에 숨어 있구려.
그러니 나를 가여워해 주오.

10

웃으시오 — 아무것도 아니니.
남들에게 당신은 즐거워 보일 수 있겠지,
나는 슬픔에 겨운 눈으로 바라볼 뿐.

11

이 하얀 장미를 받으시오.
장미 줄기는 피를 흘리지 않으니,
당신의 손가락은 안전하오.

12

강-바람이
구름을 팽개치고 밝은 달을 보듯,
나도 당신에게 그렇소.

13

붓꽃을 바라보니,
희미하고 연한 꽃잎들 —
나는 얼마나 가치가 있을까?

14

붉은 강을 따라서
나는 부서진 보트를 타고 떠내려가오.
그래 당신도 그렇게 용감하오?

15

밤이 내 곁에 누워있다
날카로운 칼처럼 정결하고 차갑게.
그 밤과 나뿐이다.

16

간밤에 비가 왔다.
지금은, 쓸쓸한 새벽인데
푸른 어치들의 울음소리.

17

슬퍼할 만큼 어리석게,
가을이 색색의 잎들을 걸쳤다 —
그러나 그리 변하기 전에는?

18

그 후에 나는 생각한다:
천둥이 칠 때면 양귀비가 핀다.
이걸로 충분하지 않나?

19

사랑은 놀이다 — 맞나?
나는 그게 흠뻑 젖은 모습을 상상한다.
거뭇한 버드나무와 별들.

20

과꽃이 시들해질 때면
나무발바리*가 진홍색 깃털을 뽐낸다.
언제나 그렇다!

---

* 갈색 바탕의 등에 황갈색 무늬가 있는 10cm 안팎의 작은 새로, 잽싼 동작으로 나무줄기를 기어오르며 곤충이나 거미를 잡아먹는다.

21

밤새 연구하느라
어지러워서 책에서 눈을 돌리니
아침 까마귀 소리가 들린다.

22

구름 같은 백합들인가,
아니면 당신이 내 앞에서 걷는가.
누가 분명하게 볼 수 있으랴?

23

저녁의 정원에 물씬 풍기는
젖은 꽃들의 달콤한 내음.
혹시, 당신의 초상화인가?

24

내 방 안에 머물며,

나는 그 새봄의 이파리들을 생각했다.

그날은 행복했다.

루시 모드 몽고메리

Lucy Maud Montgomery, 1874.11.30~1942.4.24

루시 모드 몽고메리는 1874년 11월 30일에 캐나다 세인트로렌스만에 있는 프린스에드워드섬의 클리프턴(현재의 뉴런던)에서 태어났다. 두 살 때 어머니가 폐렴으로 사망하자, 아버지가 어린 딸을 외조부모에게 맡기고 다른 섬으로 가버리는 바람에 그녀는 외로운 어린 시절을 보낼 수밖에 없었다. 그 소녀 시절의 경험을 소재로 창작한 작품이 『빨간 머리 앤』(1908)이다. 우체국을 경영한 외조부모의 보살핌을 받으며 몽고메리는 열다섯 살 때 처음으로 지역 신문에 시를 발표하였다. 그녀는 샬럿타운의 프린스오브웨일즈 대학에서 1년간 교직 수업을 받고 노바스코샤의 댈하우지대학교에서 2년간 문학을 공부하였다. 그리고 1896년에 고향으로 돌아온 몽고메리는 여러 학교에서 교사로 일하면서, 1897년부터 잡지와 신문에 단편소설을 발표했는데, 그 후 10년간 발표한 작품이 100편 이상에 이른다. 루시 몽고메리는 지방색이 짙은 작품을 많이 남겼는데, 국제적 성공을 거둔 『빨간 머리 앤』, 소녀 시절부터 어머니가 된 후까지의 앤을 그린 6권의 속편을 비롯하여 『이야기 소녀』(1911), 『앤의 꿈의 집』(1915) 같은 장편과 500편이 넘는 단편소설, 자서전과 시집 『경비원과 다른 시편』(1916) 등을 남겼다. 그녀는 1942년 4월 24일에 토론토 자택의 침실에서 죽은 채로 발견되었는데, 당시의 사인은 심근경색이었으나, 2008년에 그녀의 손녀가 오랫동안 병든 남편을 돌보며 심한 우울증에 시달리다가 약물을 과다하게 복용하고 자살했을지 모른다는 새로운 추정을 내놓았다.

자, 잠시 쉬어요
Come, Rest Awhile

자, 잠시 쉬며, 멀리서 시원하게, 어른거리는
저 계곡으로 들어가서 한가롭게 거닐어요

탐욕스러운 시장, 불안한 거리에서 벗어나,
듣는 이의 귀에 하염없이 메아리치는

아련하고 즐거운, 음악 소리에 귀를 기울여요,
멈추어 들으려 하지 않는 이에게는 들리지 않는

안개 자욱한 언덕과 우거진 골짝 넘어 부는 바람에
흔들리는 추억 종들의 구슬픈 차임-벨 소리에.

한 발짝 비켜나면 이슬 맺힌 꽃봉오리들이
피어나서 제비꽃과 장미꽃 향기를 풍기고,

당신이 좀체 보지 못한 그 녹색 숲속,
꽃길들에서 노래와 로맨스가 여전히 서성거리죠.

보고만 싶다면, 바로 근처에, 지나간 날들에
사랑받았던 아름다운 것들이 모두 널려 있어요.

당신은 너무 바빠 사느라 미소하는 법도
잊어버렸어요 — 자, 이제 잠시 쉬어요.

황혼
Twilight

여명의 계곡에서 낮이 밤을 뒤쫓았는데
밤이 비웃으며, 잽싼-샌들을 신고, 서쪽으로 달아났죠,
잠시도 머뭇거리지 않고 고집스럽게 도망쳤어요
추적하는 낮을 돌아보며 어둑한 눈길 한 번 주지 않은 채,
크로커스 언덕과 잿빛 초원을 넘어
길을 재촉해서 잽싸게 가버렸죠.

어느새 낮이, 약해지던 힘이 빠져서
저녁노을 빛줄기를 앞두고 기진맥진 쓰러지자,
곱고 무정한 밤이, 마침내 측은한 마음이 들어서,
활짝-피어나는 별꽃 화관을 쓴 채,
나아가다가 안타까운 듯 슬그머니 돌아와서
죽어가는 낮에 입을 맞추네요.

행복을 찾는 사람
The Seeker

나는 행복을 찾아 세상을 돌아다녔어요
오, 열렬히 멀리멀리 탐험했죠
산과 사막과 바다에서도 찾고,
동쪽에서도 서쪽에서도 물었어요.
사람 많은 아름다운 도시들에서도,
해 밝은 파란 해변에서도 찾았어요,
때로는 아주 멋진 궁전에 들러
웃고 노래하며 즐기기도 했어요.
오, 세상은 내 기원과 기도에 많은 것을 줬죠
하지만 거기서 나는 어떤 행복도 찾지 못했어요!

그래서 나는 옛날의 계곡으로 돌아왔어요
실개천 옆에 자그만 갈색 집이 있고,
언덕 꼭대기를 지키는 보초병 같은
전나무숲에서 바람이 온종일 뻑뻑대는 곳.
어린 시절에 알던 오솔길을 따라서
고사리밭을 지나 계곡 타고 올라가다가,
들장미 정원의 입구에 멈추어

다시 향긋한 들장미 향을 들이켰어요.
집의 불빛이 예전처럼 어스름을 헤치고 빛났죠
행복이 그 문 앞에서 나를 기다리고 있었어요!

옛집의 노래
The Old Home Calls

 내게 돌아오려무나, 드넓은 세상을 배회하며 춤추는 작은 발들아,
 다시 한번 나의 고요한 방에서 나는 듯이 경쾌한 너희의 발소리를 듣고 싶구나,
 내게 돌아오려무나, 웃음소리와 노랫소리로 즐거운 작은 목소리들아,
 돌아오려무나, 희망에 들떠 두근거리는 작은 가슴들아, 너희를 그리며 오랫동안 슬퍼했나니.

 나의 장미들은 내 정원 길에 모두 향긋하게 피어나 이슬에 젖고,
 나의 불빛은 저물어가는 황혼을 헤치고 긴 언덕길을 내리비추고,
 제비들도 옛날처럼 나의 처마 주변에서 날아다니고,
 스스대는 소나무들의 변함없는 팔들이 나를 꼭 껴안고 있지.

 하지만 아침에도 저녁에도 그립구나, 오, 나의 사랑

하는 아이들아,

너희의 순례길에서, 너희가 배회하는 바다와 평원에서, 내게 돌아오려무나,

초원을 지나 오솔길을 넘어 활짝 열린 내 집 문으로 다가와서,

환영하는 화롯가의 붉은빛이 밝히는 곳에 앉으려무나.

내가 너희를 위해 너희의 어린 시절 꿈들, 너희의 기쁨과 환희,

맑은 날과 궂은날들의 기쁨, 걱정 없는 밤들의 잠을 모두 간직하고 있으니,

너희가 잃어버렸다가 다시 찾은 달콤한 믿음들이 모두 너희의 것이 될 거야,

소중한 아이들아, 나의 빈 가슴에 안기려무나 — 나는 늙어서 적적하고 외롭구나!

추억의 사진들
Memory Pictures

1

장밋빛 여명에 젖어 새로 돋은 싹으로
휘덮인 드넓은 봄-초원, 얼룩덜룩한 구름에
덮여 군데군데 움푹 팬 동쪽 하늘,
일렁이는 풀밭 비탈과 먼 협곡을 넘어
미친 듯이 불어가는 바람 한 자락,
야생의-숲 지대로 통하는 거뭇한 오솔길
맑은 연못과 그 속에 비친
곱다란, 웃는 얼굴.

2

조용히 잠든 듯한 오후에
여름 햇살 가득한 오래된 정원,
꿀 먹은 향기들이 졸도하는
옛 오솔길과 산책로에서 빙빙 도는 그림자들,

화환 같은 꽃들에 둘러싸인 흰털새밭,

하얗고 커다란 성모-백합 울타리,

그리고 이끼 낀 벽에서 빛을 발하는

우아한-금빛 두상화.

3

노을빛으로 물든 가을 언덕 꼭대기,

수정 같은 서쪽 하늘에 조용히 기댄 솔가지들,

그리고 희미하고 푸릇한 황혼에 둘러싸여

평화를 찾은 계곡,

희귀한 색색으로 물들어 높이 솟은 하늘,

떠올라서 먼바다에 비치는 달빛,

그리고 반짝이는 별처럼 밝고 부드럽고,

기도처럼 거룩한 눈들.

사랑의 기도
Love's Prayer

임이여, 당신에게 바치는 이 가슴은
옛날의 우상숭배, 닳아빠진 희망들과
열정의 찌꺼기에 남아있는 얼룩까지
참회의 고통으로 정화한 것이에요.

자, 당신이 받아서, 나를 위해 당신의
아낌없는 사랑으로 채워 주세요, 그러면
그 붉은 성찬 포도주 한 모금에
신성해지는 흙 성배로 변할 거예요.

어느 겨울 새벽
A Winter Dawn

밤의 모서리 위에서 별 하나가 여전히 빛나고,
서리 내린 언덕 위의 침울한 소나무들이
새로 쌓여 가물거리는 쓸쓸한 눈밭 위에서
나직이 흥얼거리는 으스스한 바람을 품네요.

동녘의 희미한 궁륭을 헤치고 아침이
우유처럼 하얀 갓-난 빛으로 다가오네요,
진홍빛의 검이 그림자 무리의 잿빛
깃발들을 가르네요, 보세요, 낮이에요!

인내력이 강한 쪽은 —
남자일까 여자일까요?
Which Has More Patience — Man or Woman?

편지는 간결해야 하니까,
내 신념을 곧장 적을게요.
그건 바로 — 세상이 시작되어,
아담이 태초에 "나를 잘못 이끈 것이
이브였다" 말한 이후로,
여자의 인내력이 남자보다 강하다는 거예요.
만약 남자가 다소 늦는 누군가를
기다릴 수밖에 없다면,
그런 곤경에 빠진 사람이 없는 듯이 굴고
만약 무언가가 주변에 있는 줄 알았는데
찾을 수가 없다면,
듣는 공기도 이따금 아주 파랗게 질리지요.

그냥 우는 아기를 달래려고 하거나,
추운 날씨에 난로 연통을 세우는
남자를 지켜보세요
그가 어떤 상태에 빠지는지,

어떻게 그가 야단 떨며 씩씩대고 안달하며
쿵쿵대고 고함치고 호통치고 야단치는지!

어떤 사람들은 욥을 자랑스럽게 가리키며,
자기 편이라고 주장하죠!
왜냐하면, 인내심이 강한 남자는 아주 보기 드문데,
그런 사람이 정말로 발견되면,
그 덕분에 발견자들도 역사에서
한 자리를 차지하기 마련이니까요!

남자에게도 인내력이 있고,
여자가 늘 다정하게 차분한 건 아니라는 것도
사실이라고 인정하지만,
그래도 이 중요한 사실에는
모두 동의해야 한다고 생각해요 — 여자가
온건하고 원만한 인내력으로 월계관을 차지한다는 것에요.

매기를 추모하며
In Memory of Maggie

17년 동안 이 가정의 애완묘였던 야옹이.

그저 작은 고양이일 뿐이라고, 말하지만,
우리가 기억하는 매기는
그윽하게 부드럽게 가르랑거리는
사랑스럽고 충실하고 친절한 고양이,
오랜 세월의 진실한 친구인데, 어찌
우리가 보답의 눈물을 흘리지 않겠어요?

날렵한 몸에 어울리는 벨벳 털옷,
하얀 가슴에 밝은 눈의 매기는
칭찬하며 쓰다듬어주면
매우 인간적인 긍지를 느끼며,
조용한 구석에서 언제나 즐겁게
푹신푹신 편안하게 쉴 수 있었죠.

작은 잿빛 친구, 너를 그리며 슬퍼하는
우리는 절대로 부끄럽지 않단다,

우리가 아는 인종 중에도 많은 이가
그리 애틋하고 진실하지는 않으니,
사랑하는 야옹아, 다가올 세월에도 늘
우리는 너의 기억을 충실히 간직할게.

공상
Fancies

분명 일백 봄의 꽃들은
단지 아름다운 것들의 영혼일 뿐이에요!

금빛 붉은빛으로 불타오르는 양귀비들은
달아나는 날들에 연인들의 키스였죠.

이슬방울이 진주알처럼 맺힌 보라색 팬지들은
어느 젊은 세상의 무지개 꿈들이었죠.

멀리 떨어진 별처럼 하얀, 백합은
어느 처녀의 가슴에 담긴 최초의 순수한 기도였죠.

춤추며 반짝반짝 빛나는 데이지꽃들은
오래전 아이들의 웃음소리였죠.

모든 진정한 우정의 달콤함이 아직도
목서초의 숨결 속에 살아 있죠.

하얀 수선화에는 분명 어느 소녀의
노래에 담긴 큰 기쁨이 깃들겠죠.

그리고 장미는, 지상의 모든 꽃 중에서,
사랑에 대한 완전하고, 열광적인 생각이었죠.

오! 물론 모든 봄의 꽃들이
분명 아름다운 것들의 영혼이지요.

사라 티즈데일

Sara Trevor Teasdale, 1884.8.8 – 1933.1.29

사라 티즈데일은 1884년 8월 8일에 미국 미주리주 세인트루이스에서 풍족한 가정의 막내딸로 태어났다. 어려서부터 병약했던 그녀의 곁에는 늘 간호하고 돌봐주는 사람이 있었다. 1914년에, 사라는 '노랫말 시'를 역설한 가난한 시인 베이철 린지의 청혼을 거절하고, 그녀의 시를 오랫동안 숭배한 독자이자 세인트루이스의 사업가 에른스트 필싱어와 결혼하였다. 그리고 1915년에 낸 시집 『강물은 바다로』부터 자신의 시집에 「에른스트(E)에게」라는 일종의 서시를 덧붙이기 시작했다. 필싱어 부부는 1916년에 뉴욕시로 이사했고, 사라는 1917년에 시집 『사랑 노래』를 출간하였다. 그리고 이 시집으로 1918년에 미국 시 협회가 주관하는 컬럼비아 대학교 시 상(1922년에 시 부문 퓰리처상으로 개명)을 최초로 수상하였다. 그녀는 1920년에 시집 『불꽃과 그림자』을 냈고, 시집 『달의 음영』을 출간한 1929년에 필싱어와 이혼하였다. 남편의 잦은 출장이 그녀를 외롭게 했다는 것이 중요한 이혼 사유였으며, 1930년에 시집 『오늘-밤 별들』을 출간하였다. 평생 병약했던 사라 티즈데일은 만성 폐렴에 걸려 심신이 지칠 대로 지친 상태에서, 1933년 1월 29일에 수면제를 과다하게 복용하고 잠들었다가 다시는 깨어나지 않았다. 그리고 그해에 유고 시집 『이상한 승리』가 출간되었다. 간결성과 명료성, 고전적인 형식, 열정적이고 낭만적인 주제를 티즈데일 시의 주요 특징으로 꼽는다.

교환
Barter

삶은 사랑스러움을 품고 있어야 팔리죠
온갖 아름답고 화려한 것들,
절벽에 하얗게 부서지는 푸른 파도,
흔들흔들 노래하며 치솟는 불,
그리고 경탄을 컵처럼 품은 채
올려다보는 아이들의 얼굴들을요.

삶은 사랑스러움을 품고 있어야 팔리죠
금빛의 곡선 같은 음악,
빗속의 소나무 향기,
당신을 사랑하는 눈동자, 안는 팔,
그리고 당신 영혼의 고요한 기쁨을 위해
밤에 별들을 흩뿌리는 성스러운 생각들을요.

사랑스러움을 위해 당신이 가진 모든 것을 쓰세요
그것을 사되 그 비용을 계산하지 마세요.
하얗게 노래하는 평화의 한 시간을 위해
갈등의 수많은 해가 완전히 사라졌다고 치세요.

그리고 황홀의 한 숨결을 위해
당신의 지난 모습도, 미래 모습도 다 주세요.

흠
Faults

사람들이 찾아와서 나에게 당신의 흠들을 말하더군요
그들이 그 흠들을 하나하나 열거했습니다.
그들의 말이 다 끝나자 나는 큰 소리로 웃었습니다
나는 이미 그 모두를 아주 잘 알고 있었거든요 —
오, 그들은 맹목적이라, 너무나 맹목적이라서 알지 못했죠
난 당신의 흠들 때문에 더욱 당신을 사랑하게 되었는데요.

어느 겨울밤
A Winter Night

나의 창-유리에 별처럼 성에가 끼었네요
오늘 밤은 세상이 매섭게 춥군요
달은 잔혹하고, 바람이
마치 강타하려는 양날-검 같아요.

신께서 모든 집 없는 이들, 왔다 갔다 하는
거지들을 가엾이 여기기를,
신께서 오늘 밤에 등불-켜진 눈길을 걷는
모든 가난한 이들을 가엽게 여기기를.

나의 방은 흡사 6월같이
따뜻하고 커튼이 겹겹이 바짝 드리워져 있어요
그런데 어디선가, 집 없는 아이처럼
나의 가슴이 추워서 울고 있네요.

봄밤
Spring Night

공원이 밤과 안개로 가득 찼어요
베일들이 드리워져 세상을 감싸네요
졸음에 겨운 전등들이 길을 따라
희미하게 진주알처럼 빛나네요.

금빛의 가물거리는 텅 빈 거리들,
금빛의 가물거리는 안개 자욱한 호수,
물에 비친 전등들이 가라앉은 검들처럼
깜박이며 흔들리네요.

오, 나를 압도하는 이 아름다움과 함께
여기 있는 것으로 충분하지 않냐고요?
나의 목은 아리도록 찬미하고, 나는
하늘 아래 무릎 꿇고 기뻐해야 하거든요.

오, 아름다움, 너도 충분하지 않지?
왜 내가 울며 사랑을 찾겠어요
젊음, 노래하는 목소리에, 지구의 기적을

경이롭게 받아들이는 두 눈도 있는데요?

왜 내가 나의 자존심을 버렸겠어요
왜 내가 만족하지 못하겠어요 —
나, 나를 위해 수심 어린 밤이
자신의 구름 같은 머리칼을 빛으로 묶었는데요 —

나, 나를 위해 모든 아름다움이
백만의 항아리에 담긴 향처럼 타는데요?
오, 아름다움, 너도 충분하지 않지?
왜 내가 울며 사랑을 찾겠어요?

여름밤, 강변
Summer Night, Riverside

거칠고, 부드러운 여름 어둠 속에서
참 많고 많은 밤을 우리 둘이 함께
공원에 앉아서 전등들을
검은 새틴에 황금 스팽글처럼 주렁주렁 달고
반짝이는 허드슨강을 바라보았죠.
굽은 길을 따라 나 있는 난간이
나직이 꺾이는 그럴싸한 곳을 함께 지나서
언덕을 내려오면 꽃을 뚝뚝 듣는 한 나무가
우리를 숨겨주었죠
그 사이에 당신의 키스들과 꽃들이
추락하고, 추락해서
나의 머리칼을 헝클어뜨렸는데 ……

하늘 위에서는 희미한 하얀 별들이 시나브로 나아갔죠.

그런데 지금, 아득히 먼ㆍ
그 향긋한 어둠 속에서
그 나무가 꽃을 달고 다시 바들거리네요

6월이 돌아왔으니까요.

오늘 밤은 어떤 소녀가
거울 앞에서 꿈꾸듯 머리를 흔들어
말린 머리칼에 들러붙는, 올해의 꽃들을 떨어낼까요?

키스
The Kiss

나는 그이가 나를 사랑해주길 바랐고
그는 나의 입에 키스했죠.
하지만 나는 이제 다친 새처럼
그 남쪽*에 닿을 수 없어요.

그이가 나를 사랑한다는 건 알지만
오늘 밤 내 가슴이 슬프니까요.
나는 온갖 꿈을 다 꾸었는데
그의 키스는 정말 별로였거든요.

---

*   "남쪽"은 철새의 남쪽 도래지, 또는 "그"의 얼굴에서 남쪽에 있는 '입'.

새로운 사랑과 옛사랑
New Love and Old

내 가슴속에서 옛사랑이
새로운 사랑과 씨름했어요.
그 사랑이 유령처럼
밤새도록 깨어 있었어요.

나의 옛사랑이 말했던
소중한 것들, 상냥한 것들이
원망하듯 정렬해서
내 침대를 둘러쌌어요.

그러나 나는 마음 쏠 수 없었어요
나를 주시하는
새로운 사랑의 눈을
본 것 같았으니까요.

옛사랑, 옛사랑이여,
내가 어떻게 진실할 수 있겠어요?
나 자신에게 불충할까요

아니면 당신에게 불충할까요?

비행
The Flight

동경의 눈길로 돌아보다가 내가 따라올 것 같으면
가벼운 바람이 제비를 부상시키듯 당신의 사랑으로 나를 안아서 부상시켜 주세요
우리의 비행으로 햇살이나 몰아치는 빗속에서 멀리 벗어나게 해주세요 —
그런데 혹시 나의 첫사랑이 다시 나를 부르는 소리를 들으면 어쩌죠?

용맹한 바다가 거품을 품듯 나를 당신의 가슴에 껴안아서
당신의 집을 숨겨주는 언덕으로 나를 멀리멀리 데려가 주세요
평화가 짚으로 지붕을 덮고 사랑이 문에 걸쇠를 걸겠지요 —
그런데 혹시 나의 첫사랑이 다시 한번 나를 부르는 소리를 들으면 어쩌죠?

보석
Jewels

내가 당신의 눈을 다시 보게 된다면
그 눈길이 얼마나 멀리 나아갈지 알아요 —
어느 날 아침으로 돌아가서 눈밭에
사파이어 그림자들이 드리워진 공원에 있겠지요.

아니면 봄날 참나무 숲으로 돌아가 있겠죠
그날 당신이 나의 머리칼을 늘어뜨리고
나뭇잎 그림자 자수정에 묻혀서
당신의 무릎을 베고 있던 머리에 키스했었죠.

그리고 또 다른 빛나는 장소를
우리는 기억하겠지요 — 햇살에 하얀
다이아몬드 같은 아침에 회갈색 야산이
어찌나 우리를 꼭대기에 붙들고 있었던지요.

하지만 나는 당신한테서 내 눈을 돌릴 거예요
여자들이 밤에는 찼지만
맑은 낮에 찰 수 없는 보석들을

치워 두려고 돌아서듯이요.

정원에서
In a Garden

세상이 소리 없이 움직임도 없이 쉬고 있네요.
사과나무 뒤로 해가 지면서
느릅나무-그늘진 마을의 첨탑들과 창문들에
불꽃으로 그림을 그리네요

고요한 코네티컷 너머의 언덕들이 아직 꽃을 달고 있는
풋열매들처럼 연무에 은빛으로 물들어 있네요
제비들이 천정을 가로질러 날아다니며
공기 베틀에 천을 짜네요.

정원으로 평화가 황혼과 함께 돌아오네요
한낮이 지나고 보라색 풀협죽도,
축 처진 과꽃, 늦은 장미와 흔들리는 접시꽃을
두고 떠났던 평화가요.

한낮에 바로 이 정원에서 내가 들었으니까요
아득히-멀리서 많은 이가 다가오며 속삭이는 소리,

마을에서 맹목적으로 두드리며 놀처럼 밀려오는
북의 붉은 음악 소리

그리고 차가운 가을 대기를 박살 내버린
발작적이고 날카로운 파이프 소리를요.
그 사이에 그들이 왔죠, 젊은 병사들이 행진해서
마을 광장을 지나갔어요 ……

고요한 코네티컷 건너편의 언덕들이 보랏빛으로
바뀌네요, 땅거미의 베일들이 짙어요 —
대지가 자식들의 숱한 슬픔을 담담하게 받아들이고
마음을 가라앉히고 잠이 드네요.

캐서린 맨스필드

Katherine Mansfield, 1888.10.14~1923.1.9

캐서린 맨스필드(본명은 Kathleen Beauchamp)는 1888년 10월 14일에 뉴질랜드 웰링턴에서 명문가의 1남 5녀 중 셋째로 태어났다. 아버지 해럴드 비첨은 뉴질랜드 은행장에 오르고 1923년에 기사 작위까지 받은 대단한 인물이었고 그녀의 외가도 유력한 귀족 가문과 사돈지간이었다. 맨스필드는 두 언니와 런던의 퀸스칼리지에 다녔는데, 대학신문의 발행에 깊이 관여하면서 작가의 길을 걷게 되었다. 캐서린 맨스필드는 어머니의 결혼 전 성을 따서 지은 필명이다. 양성애자였던 맨스필드는 두 번 결혼했는데, 다른 남자의 아이를 가진 상태에서 결혼한 첫 남편과는 금방 헤어졌고, 두 번째 남편은 그녀의 단편들을 발표한 잡지《리듬》의 편집자 존 미들턴 머리였다. 1911년에 캐서린 맨스필드라는 필명으로 첫 단편집『어느 독일 하숙집에서』를 출간한 그녀는 1921년에 두 번째 소설집『행복』, 1922년에 세 번째 소설집『가든파티』를 내놓으며 소설가로서의 입지와 명성을 굳혔다. 1917에 결핵에 걸린 맨스필드는 프랑스의 퐁텐블로에서 요양하다가 1923년 1월 9일에 35세의 젊은 나이로 사망하였다. 그리고 사후에『시집』, 단편 소설집『비둘기의 둥지』와『유치한 것』,『일기』, 2권의『서간집』등이 출간되었다. 캐서린 맨스필드는 매우 시적이고 독특한 산문 문체를 발전시킨 작가로, 단편소설을 문학의 한 장르로 발전시키는 데 크게 공헌했다고 평가된다.

나비의 웃음소리
Butterfly Laughter

우리의 죽 접시 한가운데에

파란 나비가 그려져 있었는데

아침마다 우리는 그 나비에 먼저 도달하기 시합을 했다.

그럴 때면 할머니가 말했다: "가엾은 나비는 먹지 마라."

그래서 우리를 웃게 하였다.

늘 그녀는 그리 말했고 그 말에 늘 우리는 웃곤 하였다.

그 말은 정말로 즐겁고 귀여운 농담 같았다.

나는 확신했다 어느 화창한 아침에

그 나비가 우리 접시에서 날아올라,

세상에서 가장 작은 소리로 웃으면서,

할머니의 무릎에 내려앉을 것이라고.

만남
The Meeting

우리는 이야기를 시작해서,
서로 바라보다가, 고개를 돌리고 말았죠.
눈물이 자꾸 내 눈에 차올랐어요.
그러나 나는 울 수 없었어요.
난 당신의 손을 잡고 싶었어요
그런데 내 손이 떨렸어요.
당신은 우리가 다시 만나기 전의
날들만 계속 헤아리고 있었죠.
그러나 우리 둘 다 마음속으로 느꼈어요
우리는 영원히 헤어졌다고.
작은 시계의 똑딱이는 소리가 조용한 방을 가득 채웠죠.
"들어봐요," 내가 말했어요. "저 소리가 너무 시끄럽네요,
마치 웬 말이 쓸쓸한 길을 질주하듯이,
웬 말이 한밤에 질주해서 지나가듯이 요란하네요."
당신이 두 팔로 나를 꼭 품어주었죠.
그런데도 시계 소리가 우리 심장의 고동을 압도했어요.

당신이 말했죠, "난 갈 수 없어: 나의 살아있는 모든 것이

여기에 영원히 영원히 있을 테니까."

그래놓고 당신은 가버렸죠.

세상도 변했어요. 그 시계 소리도 점점 희미해지고,

점점 작아지다가, 아주 사소한 일이 되고 말았죠.

나는 어둠 속에서 속삭였어요. "그 소리가 그치면, 나도 죽겠지."

어느 꼬마 소년의 꿈
A Little Boy's Dream

이리저리, 이리저리
나의 작은 배를 타고 멀리
바다를 가로질러 항해해요
외로이, 어린 나 혼자서요.
바다는 크고 강력하고
여행도 아주 길어요.
이리저리, 이리저리
나의 작은 배를 타고 나아가요.

바다와 하늘, 바다와 하늘도,
내가 조용히 갑판에 누워있는 동안,
잠시나마 쉬지요.
나는 끔찍한 해적 싸움에서
정말로 최선을 다했어요,
물론 우리가 놈들을 모조리 생포했죠.
바다와 하늘, 바다와 하늘,
나는 조용히 갑판에 누운 채 ─

아득히 멀리, 아득히 멀리
내 집과 내 놀이를 두고 떠나,
끝없는 여행을 하고 있어요,
오로지 바다를 벗 삼아
바다의 물고기들을 벗 삼아서요.
그런데 모두 나를 두고 헤엄쳐 가네요
아득히 멀리, 아득히 멀리
내 집과 내 놀이를 두고 떠나버리네요.

그러자 소년이 "오 사랑하는 엄마"
소리치며 일어나 앉았는데,
두 모자가 흔들의자 안에 있었어요,
엄마의 두 팔이 그를 안고 있었죠 ― 꼭.

들국화 차
Camomile Tea

바깥 하늘에서는 별들이 빛나고,
바다에서 들려오는 공허한 파도 소리.
그런데, 어쩌나! 작은 아몬드꽃들은,
바람이 아몬드 나무를 흔들고 있는데.

1년 전, 리의 그 끔찍한 오두막집에
있을 적에는 생각하지 못했는데,
그이와 내가 이렇게 앉아서
들국화 차를 홀짝거리고 있네요.

깃털처럼 가볍게 마녀들이 날고,
달의 뿔도 선명하게 보이네요.
노랑 수선화 밑에 숨은 반딧불로
도깨비가 호박벌을 굽네요.

우리가 50살일 수도, 5살일 수도 있어요.
우린 아주 안락하고, 작고, 슬기로우니까요!
부엌의 식탁 다리 밑에서

내 무릎이 그의 무릎을 밀어붙이고 있어요.

덧문들은 닫히고, 나직이 타는 화로,
평화롭게 똑똑 떨어지는 수돗물 소리.
벽에 드리워진 냄비 그림자들이
거뭇하게 둥글둥글 선명하게 보이네요.

고독
Loneliness

이제 밤이 되면 잠 대신에 고독이
찾아와서, 내 침대 곁에 앉아있어요.
난 지친 아이처럼 누워서 고독의 발소리를 기다려요,
난 가볍게 훅 불어서 불을 끄는 고독을 지켜보지요.
고독은 가만히 앉아, 오른쪽으로도 왼쪽으로도
몸을 틀지 않은 채, 지치고 지친 머리를 늘어뜨리죠.
고독 역시 늙었고, 고독 역시 내내 싸워왔어요.
그래서, 월계수 화환이 고독의 머리에 씌워져 있어요.

슬픈 어둠을 헤치고 시나브로 썰물 지는 물결이
만족하지 못한 듯이, 황량한 해변에 부서지네요.
낯선 바람이 밀려들다가 …… 이내 정적. 나는 기꺼이
고독에게 돌아앉아, 그 손을 잡고, 그 몸에
매달린 채, 불모의 땅이 끔찍하고 단조로운
빗소리로 가득 찰 때까지 기다리고 싶어요.

깨어나는 강물
The Awakening River

갈매기들은 미친 듯이 강을 사랑하고,

강도 베일을 벗어서 얼굴을 드러내고 미소하죠.

강의 잠에-젖은 눈에 갈매기들이 빛나는 날개들을 비추네요.

강은 은빛 베개를 베고 누워있어요: 해가 강물에 몸을 기대네요.

해가 강물을 데우고 또 데우고, 해가 강물에 키스하고, 키스하네요.

강의 머리카락에서 불꽃이 튀고 강이 웃으며 꿈틀대네요.

깨어나는 미녀여, 조심하세요! 당신의 몸에 불이 붙겠어요.

바다의 물거품을 가슴에 품고, 착 들러붙어 지워지지 않는

바다 안개를 날개에 묻힌 채, 휘휘 날아다니며,

끝없는 대양의 황홀경을 울부짖는,

갈매기들은 미치도록 강을 사랑하죠.

깨어나요! 우리가 당신의 마음에서 날아오르는 꿈

같은 생각들이에요.

깨어나요! 우리가 당신의 가슴에서 흘러나오는 욕망의 노래들이에요.

오, 해도 자신의 커다란 날개를 강에 빌려줄 것 같은데

강은 미치도록 사랑하는 그 새들과 함께 바다로 날아가려나 봐요.

만
The Gulf

어떤 침묵의 만이 우리 사이를 갈라놓아요.

난 그 만의 한쪽에 서 있고, 당신은 다른 쪽에 서 있죠.

나는 당신을 보거나 당신의 말을 들을 수 없지만, 당신이 거기 있다는 것을 알아요.

종종 나는 당신의 아잇적 이름으로 당신을 부르고

내 외침의 메아리가 당신의 목소리인 척하죠.

어찌하면 우리가 만에 다리를 놓을 수 있을까요? 말도 손길도 소용없었는데요.

한때는 우리가 눈물로 그걸 다 메울 수 있다고 생각했죠.

이제 나는 우리의 웃음으로 그것을 부숴버리고 싶어요.

나무 의족의 남자
The Man with the Wooden Leg

우리와 아주 가까이 살던 한 남자가 있었는데,
그는 나무 의족을 지녔고 녹색 새장에 오색방울새를 키웠죠.
그의 이름은 파키 앤더슨,
그는 전쟁에 나갔다가 그 의족을 얻게 되었죠.
우리에게는 그의 사정이 너무 딱해 보였어요,
그는 정말 아름다운 미소를 지녔는데
아주 작은 집에 살기에는 너무 큰 남자였거든요.
그가 길을 걸을 때는 그 다리가 그다지 중요하지 않았어요.
하지만 그의 작은 집 안에서 거닐 때는
그 다리가 불쾌한 소리를 냈죠.
어린 남동생은 그의 오색방울새가 모든 새 중에서 가장 크게 노래한다고 말했죠,
그래서 그에게 그 가엾은 다리의 소리가 들려도
너무 처량한 기분은 들지 않을 거라고요.

시골 여자들
Countrywomen

이 둘은
시골 여자들인가 봐요.
몸집이 정말 엄청나네요!
어마어마한 살집의 두 팔에
둥글둥글 불그족족한 얼굴들,
펑퍼짐하고 튼실한
앉는 부위들,
촌스러운 상의를 터뜨려버릴 듯이
치즈처럼 단단하고 엄청나게 큰 젖가슴,
널찍하고 커다란 허벅지에
튼튼한 무릎,
둥글둥글한 장밋빛의
활짝 펼쳐진 두 손,
촌스러운 꽃다발
아니면 아기나 어린 양을
안으려는 듯한 두 손 —
그리고 길게 째진 다래끼 틈새로 슬쩍슬쩍,
자기 이웃들의 치마 호주머니를 훔쳐보는,

어리석고, 의뭉스럽고, 작고 교활한
그런 눈!

오팔 꿈 동굴
The Opal Dream Cave

오팔 꿈 동굴에서 요정을 발견했어요 :
그녀의 날개들이 꽃잎보다 연약했어요,
눈송이보다도 연약했죠.
그녀가 겁먹지 않고, 내 손가락에 내려앉더니,
내 손 안으로 사뿐사뿐 걸어오더군요.
내가 두 손바닥을 한꺼번에 닫아서,
그녀를 포로로 붙잡았어요.
나는 그 오팔 동굴에서 요정을 데리고 나와,
내 두 손을 벌렸어요.
처음에 그녀는 엉겅퀴 관모로 변했다가,
이내 햇살 속의 티끌처럼 변하더니,
어느새 — 사라지고 없었어요.
내 오팔 꿈 동굴은 이제 텅 비었어요.

에드나 세인트 빈센트 밀레이

Edna St. Vincent Millay, 1892.2.22~1950.10.19

에드나 세인트 빈센트 밀레이는 1892년 2월 22일에 미국 메인주의 록랜드에서 간호사 어머니와 교사 아버지의 세 딸 중 첫째로 태어났다. '세인트 빈센트'는 그녀가 태어나기 직전에 삼촌의 목숨을 구해준 뉴욕 세인트 빈센트 병원에서 따온 것이다. 아버지는 경제적 부양은 커녕 폭력을 일삼은 못난 사람이었고, 이혼 후에, 가난한 어머니가 이리저리 이사 다니며 세 딸을 키웠다. 고전 문학작품으로 가득한 트렁크를 끌고 다니며 딸들에게 셰익스피어나 밀턴 같은 작품을 읽어주었다는 어머니 덕분인지, 밀레이는 15세에 이미 여러 유명한 청소년 잡지에 시를 발표한 시인이었다. 그녀는 1912년 뉴욕의 바사여자대학 재학 중에 지역의 시 경연에 「재생」이라는 시를 내서 4등을 차지했는데, 이 시가 1~3등보다 훨씬 낫다는 여론이 형성되면서 유명해졌고, 그녀의 시 낭송을 들은 한 후견인이 그녀의 대학 학비를 부담하겠다고 나서는 뜻밖의 행운까지 얻었다. 밀레이는 첫 시집 『재생과 다른 시편』(1917), 『두 번째 4월』(1921), 퓰리처상을 수상한 『하프 제작자』(1923), 『한밤중의 대화』(1937) 같은 시집과 『왕녀와 시동의 결혼』(1918)과 『등과 종 -5막의 드라마』(1935) 같은 희곡을 냈다. 배우였고, 페미니스트였으며, 양성애자로서, 결혼 후에도 자유연애를 실천한 에드나 세인트 빈센트 밀레이는 1950년 10월 19일에 자택에서 사망한 상태로 발견되었다. 계단에서 떨어져서 목이 부러진 것이었다. 그녀의 나이 58세였다.

어떤 입술에 내 입술이 키스했는지
What Lips My Lips Have Kissed

어떤 입술에 내 입술이 키스했는지, 어디서, 왜
그랬는지도, 아침이 올 때까지 어떤 팔에
내 머리를 베고 있었는지도 잊었는데, 오늘 밤
빗방울에 유령들이 가득 차서, 똑똑 창을
두드리고 한숨을 쉬며 조용히 응답을 기다리니,
내 가슴속에서 고요한 고통이 일렁이네요
다시는 한밤에 울먹이며 나를 돌아보지 않을
기억나지 않는 젊은이들 생각에요.
그렇게 겨울이면 외로운 나무는 서 있지요,
어떤 새들이 하나둘 사라졌는지도 모른 채,
아는 건 예전보다 고요해진 자신의 가지들뿐:
나도 어떤 사랑이 왔다가 갔는지 모르고,
아는 건 그저 여름이 내 안에서 잠시 노래했고,
내 안에서 더는 노래하지 않는다는 것뿐이에요.

사랑이 전부는 아니에요
Love Is Not All

사랑이 전부는 아니에요: 고기도 음료도 아니고
잠도 아니고 비를 막아주는 지붕도 아니에요,
둥둥 떠서 다가오는 목재처럼 가라앉았다 떠오르고
가라앉았다 떠오르고 다시 가라앉는 것도 아니에요,
사랑은 탁해진 폐를 숨결로 채울 수 없고,
피를 맑게 하거나, 부서진 뼈를 맞추지도 못해요.
그러나 내가 말하는 사이에도, 많은 사람이,
단지 사랑의 결핍 때문에, 죽음과 친구가 되고 있죠
어려운 시기가 닥치면, 고통에 짓눌리다가
벗어나려고 신음하거나, 결단력을 넘어서는
결핍 때문에 괴로울 때면, 사랑을 팔아서
평화를 사거나, 이 밤의 기억을 주고
음식을 얻는 게 차라리 나을 수도 있겠죠.
그럴 수도 있어요. 난 그럴 것 같지 않지만요.

시간이 위안을 주지는 않아요
Time Does Not Bring Relief

시간이 위안을 주지는 않아요. 시간이 내 고통을
덜어주리라고 말한 이들은 다 거짓말쟁이들이에요!
나는 비처럼 울면서 그를 그리워하고,
나는 밀려가는 파도를 보며 그를 원하니까요.
예전에 내린 눈은 모든 산비탈에서 녹고,
작년의 잎들도 골목 곳곳에서 연기로 변하죠,
그러나 작년의 쓰라린 사랑은 변함없이
내 가슴에 쌓여있고, 내 옛 생각들도 그대로예요.
내가 두려움을 안고 가고 싶은 곳이
백 군데인데 — 모두 그의 기억으로 가득 차 있죠.
그래서 그의 발이 밟지 않거나 그의 얼굴이
빛난 적 없는 어느 조용한 곳으로 들어갈 때도
이렇게 말하죠, "여기엔 그에 대한 기억이 없어!"
그렇게 그를 떠올리며, 그렇게 고통스럽게 서 있죠.

봄
Spring

무슨 목적으로, 사월아, 다시 돌아오니?
아름다움은 충분하지 않아.
끈적끈적 움터나는 네 작은 잎들의
붉은색으로는 더 이상 나를 달래주지 못하니까.
나도 잘 알아.
크로커스의 수상 꽃차례를 바라보는
네 목덜미에 따갑게 내리쬐는 햇살.
기분 좋은 흙 내음.
세상에 죽음이란 없는 듯하지.
그런데 그게 무슨 뜻일까?
오로지 땅속에서만 사람들의 뇌가
구더기들한테 먹히는 것이 아니야.
삶은 그 자체로는
무無야,
빈 잔, 카펫이 깔리지 않은 계단의 층계 같은 거지.
해마다, 이 언덕을 따라,
사월이
종알대며 꽃을 흩뿌리는, 백치처럼 오는 것으로는 충

분하지 않아.

나를 동정하지 마세요
Pity Me Not

날이 저물어 한낮의 빛이 더 이상 하늘을
거닐지 않더라도 나를 동정하지는 마세요,
한 해가 지나가는 들과 숲에서 아름다움이
다 사라졌더라도 나를 동정하지는 마세요,
달이 이울었다고 나를 동정하지 마세요,
썰물이 바다로 빠져나가더라도,
한 남자의 욕망이 너무 빨리 식어버려서,
당신이 사랑으로 나를 바라보지 않더라도요.
나는 늘 알고 있었어요: 사랑이란
그저 바람이 강습하는 활짝 핀 꽃,
그저 이동하는 해변을 짓밟으며, 새 잔해들을
돌풍으로 휩쓸어 흩뿌리는 큰 물결 같은 것임을:
잽싼 마음이 언제나 바라보는 것들을
가슴이 더디게 배운다는 것이 애석할 따름이에요.

아주 오래된 몸짓
An Ancient Gesture

앞치마의 모서리로 두 눈을 훔치며 생각했어요:
페넬로페도 그랬죠.
한 번 이상이었는데: 누가 온종일 계속 실을 짰다가
밤새도록 그것을 다시 풀겠어요.
두 팔은 피곤하고, 목덜미도 뻐근해지고,
아침이 다가오는데, 날은 밝을 것 같지 않고,
남편은 떠났는데, 수년 동안 어디에 있는지도 모르고.
갑자기 눈물이 폭발하죠,
그냥 달리 해볼 일이 없으니까요.

또 앞치마 모서리로 두 눈을 훔치며 생각했어요:
이건 고전적인, 그리스의 최고 전통 중에서
진정으로, 고풍스러운, 고대의 몸짓으로,
율리시스도 그랬죠.
하지만 단지 한 몸짓 — 그가 말할 수 없을 만큼
너무 감동해서 모여있는 무리에게 암시한 몸짓이었을 뿐.
그는 그것을 페넬로페한테 배웠죠 ……

정말로 울부짖었던 페넬로페한테요.

삶의 재
Ashes of Life

사랑이 나를 두고 떠난 후로 하루하루가 똑같아요.
난 먹어야만 하고, 잠도 자죠 — 그날 밤이면 좋으련만!
아! — 말똥말똥 누워서 느릿한 시보를 들으며!
다시 낮이었으면 싶은데! — 황혼이 찾아오죠!

사랑이 나를 두고 떠나버린 후로 뭘 할지 모르겠어요.
이것이든 저것이든 뭘 하든 내게는 다 똑같아요.
시작하는 일마다 끝내기 전에 그만둬버리니 —
내가 보기에도 뭘 하든 다 부질없거든요.

사랑이 나를 두고 떠났는데 — 이웃들이 노크하고 빌려 가고,
삶은 마치 생쥐가 갉아 먹듯 영원히 계속되죠 —
내일 또 내일 또 내일 또 내일도
이 작은 거리와 이 작은 집은 있겠지요.

주막
Tavern

높은 언덕 꼭대기 바로 밑에다
　작은 주막을 차릴 거예요,
온통 잿빛 눈의 사람들이 들어와
　몸을 눕히고 쉬게 할 거예요.
접시와 머그잔도 충분히
　마련해서 우연히 그 언덕을
오르는 모든 잿빛 눈을 지닌 사람들의
　추위를 녹여줄 거예요.
거기서 들리는 소리에 여행자는 잠들어,
　여정의 목적지를 꿈꾸겠지요,
하지만 나는 한밤에 일어나
　사그라지는 불을 돌볼 거예요.
맞아요, 참 희한한 상상이죠 —
　하지만 내가 아는 좋은 것은 모두
아주 오래전에
　두 잿빛 눈이 내게 가르쳐준 거예요.

슬픔
Sorrow

슬픔이 끝없는 비처럼
　내 가슴을 두드려대네요.
사람들이 고통에 몸부림치며 비명을 지르네요 —
여명은 변함없이 그들을 다시 찾겠지만,
이 슬픔은 성쇠도 없고
　정지나 시작도 없어요.
사람들은 옷을 차려입고 읍내에 가지만,
　나는 내 의자에 앉아있어요.
내 생각들은 모두 느릿한 갈색이에요.
일어서든 앉아있든
상관없어요, 어떤 가운
　어떤 신발을 내가 신더라도요.

썰물
Ebb

당신의 사랑이 죽어버린 후로
내 가슴이 어떤 모습인지 알아요:
마치 움푹 꺼진 바위 턱처럼
  밀물이 남겨놓은 작은 연못,
  가장자리부터 안쪽으로 말라가는
작고 미지근한 연못을 품고 있죠.